IMPRESIONES.—VIAJES.—COSTUMBRES FILIPINAS

PEPÍN

(NOVELA)

POR

ANTONIO CHÁPULI NAVARRO

MADRID
Librería de Fernando Fé
CARRERA DE SAN JERÓNIMO, 2
1892

Al Excmo. Señor

ᴰ. Carlos Navarro y Rodrigo:

*Prenda de admiración y gratitud
de su sobrino,*

El Autor.

AL QUE LEYERE

Algunos, muy pocos capítulos del presente libro, han visto la luz pública en la prensa de Manila, bajo el seudónimo de *Arakel*.

En un país como el filipino, donde la vida intelectual tiene que amoldarse á la voluntad de una previa censura que, por sistema, aherroja y coarta la libre emisión del pensamiento, era materialmente imposible publicar íntegra esta obrilla, en la que he tratado de presentar, siquiera sea en forma de bocetos, una gran parte de las extravagancias y ridiculeces de la naciente sociedad del Archipiélago magallánico.

De todos modos, es indudable que la imposibilidad en que me he visto de ofrecer poco á poco á mis benévolos lectores de este país,—si es que los tengo,—

la serie de observaciones sugeridas al·
contacto de ciertas gentecillas picajosas,
y á las veces inviolables, que por acá *se
estilan,* hame servido para copiar fielmente de la realidad misma, lo que en
otras circunstancias hubiera resultado
anodino é impropio de los fines que me
propuse al comenzar mi tarea.

De sobra se me alcanza que la publica-
ción de las humildes páginas que ofrezco
á la curiosidad del discreto lector ha de
engendrarme rencorcillos, quizás odios
de aldea. Pero como estos pueriles temores, ni otros que fácilmente se coli-
gen, tratándose de tierra tan *sui generis* como ésta, no habían de torcer en lo
más mínimo la rectitud de mis propósitos, ahí va mi pobre PEPÍN, tal como, por
virtud de la espontaneidad y de la constante observación, ha brotado de mi modesta pluma.

Posible sea que algún lector, harto
piadoso y tolerante con ciertas extravagancias sociales, encuentre algún refi-
namiento en la ejecución de mi PEPÍN.
En este caso, apelo á los juicios desapa-
sionados de las personas que conocen á
fondo el objetivo de mis bocetos.

No pretendo curarme en salud, imi-

tando á ciertos escritorzuelos gazmo-
ños, de los defectos que indudablemente
contiene este libro: creo, no obstante,
y sin jactancia, que algo meritorio hay
en él; por lo menos, una gran dosis de
buena voluntad.

No temo tampoco á esa crítica sañu-
da y desapiadada á que en estos últimos
tiempos se rinde tan fervoroso culto. Sé
que los verdaderos críticos, los que pu-
dieran ilustrar la opinión acerca de las
obras del ingenio, hanse recogido en su
concha, avergonzados, sin duda, de la
inverosímil popularidad que alcanzan
hoy esos hijos de Caín, envidiosillos y
maldicientes, que, con celebrar á priori
todo parto de las reputaciones consagra-
das por el voto unánime, y con presen-
tarnos como humanas maravillas todos
los extravíos de la literatura extran-
jera, están al cabo de la calle.

Hase hecho de buen tono entre esos
caballeros el desdeñar la lectura de
obras de verdadero mérito, por la sen-
cilla razón de que sus autores no reparten credenciales ni se dejan sablear. Ó
bien porque no han tenido la fortuna de
nacer en Asturias, en Cuba ó en Puerto
Rico.

En honor de la verdad, PEPÍN tiene la menor cantidad posible de novela. No es, ni más, ni menos, que un conjunto de cuadros sueltos, que podrían muy bien vivir independientes, y que, coleccionados en un libro, forman el proceso histórico de un tipo vulgar. Por cosa segura tengo que este PEPÍN, á cargo de otra inteligencia superior á la mía, hubiera podido simbolizar por sí solo el carácter general de la sociedad y de la época en que vive el joven protagonista del presente tomo,—primero de la serie que pienso publicar, si es que Dios, el editor y mis ganas de escribir no disponen otra cosa.

Los afiliados á la moderna escuela naturalista, esos serviles imitadores de la novela francesa contemporánea, que fundan el arte supremo en la disección y en el análisis de todas las deformidades humanas; esos amojamados filósofos de la última hornada que, tras un enjambre de laberínticas disquisiciones, vienen á proclamar como único dogma posible de la sociedad la fórmula de Darwin; esos espíritus inferiores que sólo ven en las pasiones brutales y en los groseros instintos de la carne la «característica»

de la belleza en el arte, llevarán un solemne chasco con la lectura de estas páginas. Y como mi sinceridad llega hasta
un punto increíble, para evitar á ciertas
gentes el trabajo de leer este libro, an-
ticipo la noticia de que su autor no es de
los que presentan á sus personajes en
calidad de *casos patológicos;* ni tampoco
de los que pretenden resolver un problema social en todos los capítulos; ni
mucho menos de esos otros noveladores
monomaniacos que, al penetrar en la vivienda ajena, objeto de sus observaciones transcendentales, saltan por encima
de los heroísmos, de las abnegaciones,
de las grandezas y de las virtudes de
una familia honrada, y corren presuro-
sos y regocijantes á revolver las letri-
nas. ¡Ni siquiera tienen narices!...

Francamente, confieso mi ignorancia.
Aun no he llegado á percatarme de los
encantos que pueda encerrar esa tarea
demoledora y repugnante que se han
impuesto los fanáticos de las teorías predominantes entre ciertas gentes más ó
menos feroces: negar sistemáticamente
y en absoluto la existencia de la virtud,
de la fe y de la moral, sin reconocerlas
siquiera como excepción en medio de

los vicios que corroen las entrañas de la
humanidad, no nos llevaría, en último
término, más que á la formación de generaciones salvajes. Despojad al hombre de las supremas intuiciones divi-
nas, arrancando de su corazón creencias, afectos, amor al bien, todo aquello
en que se fundan los principios de la
solidaridad humana, y no quedará otra
cosa que la bestia racional: hé ahí las
tendencias del naturalismo hediondo de
Zola; mirad á vuestros semejantes como
á otras tantas fieras, de las que sólo
debe esperarse el zarpazo del tigre: hé
ahí la síntesis de la fórmula darwiniana.

Aunque jamás tenga un público que
me lea, desde luego renuncio á esos honores, si para merecerlos he de ofrecer
como producto de mi modesta labor intelectual esos libros *acres, calientes y
punzantes,* recargados de tintas som-
brías y de escenas pornográficas, que
tanto deleitan al populacho de allende el
Pirineo.

Digan lo que quieran los secuaces y
fanáticos de esa tendencia avasalladora
y exclusivista, verdadera ola de cieno
que cunde como un contagio entre los
noveladores de folletín, nuestros exi-

mios maestros no se han dejado seducir
por el naturalismo á la manera de Zola:
bastaría examinar el catálogo de obras
que ha producido la literatura patria en
estos últimos tiempos, para convencerse
de que en España no siguen con sinceridad el procedimiento del *jefe* de la
moderna escuela, más que esos cuatro
bohemios del periodismo que reparten
alegremente sus ocios entre la casa de
huéspedes, la buñolería, la taberna y el
lupanar.

Ahora volvamos á Pepín.

Confieso que no concebí este libro para
lanzarlo como piedra de escándalo contra la sociedad europea de Filipinas. He
querido señalar la extravagancia y el
ridículo allí donde se manifiestan; no fué
mi ánimo fustigar á diestro y siniestro,
sólo por dar esa pueril satisfacción á mi
temperamento satírico. ¿He sido injusto
ó hiperbólico? Pues á la imparcialidad
de todos me remito. ¿He copiado fielmente la realidad? Pues á la enmienda,
y aguantar el pujo, que otros mayores
nos esperan. ¡Y, qué diantre,...

> quien haga aplicaciones,
> con su pan se lo coma!,

según dijo el fabulista.

Para terminar: sé por una dolorosa experiencia que el editor y yo vamos á perder el tiempo... y el dinero. Por desgracia nuestra, en el país de los heroísmos y de las populacherías hacemos poca fortuna los que renunciamos á las disipaciones por la afición á las letras. Y menos mal cuando uno escapa sin arañar de los Aristarcos al uso. Bien es cierto que esos arañazos son preferibles á la indiferencia del público.

Por lo que me pudiera convenir, sabidas como me tengo por adelantado las injusticias de que he de ser objeto por parte de críticos y lectores—perdón si hay ofensa,—resuelvo no enviar mi libro á nadie para que me le juzgue. Si el editor se decide por mandar ejemplares á algunos periódicos de Madrid, allá él...

Y ahora, respetable público y señor, ahí te entrego el libro en señal de profunda simpatia, y que Dios te ayude y dé paciencia para leerle desde el principio hasta el fin.

A. Chápuli Navarro.

Lingayén (Filipinas);
Agosto de 1891.

PEPÍN

I

EL PUEBLO

No crea el amigo lector que por ser el
pueblo de Villarrubia uno de los menos
concurridos y nombrados de la provincia, tiene fama de asiento de virtudes
patriarcales. Nada en él encierra cosa
digna de particular mención: ni sus habitantes, ni sus costumbres, ni su ilustración; ni siquiera sus edificios, á pesar
de su antiquísimo abolengo. Dos cente-
nares de caserones de campo, feísimos
y destartalados, dan á Villarrubia el aspecto de uno de esos pueblecillos vulgares donde se resigna á vivir la gente
enamorada del aislamiento.

En cuanto á la iglesia donde recibió Pepín el agua del bautismo, no digo nada en gracia del respeto que me infunde la santidad de la casa. Me limitaré á consignar que no ha merecido todavía el honor de figurar entre los grabados de ninguna *Ilustración,* en calidad de monumento arquitectónico.

Asentado el pueblo de Pepín sobre el duro basamento de rocas peladas, en una de las estribaciones de la montaña, reduce su caserío á una calle central, más bien ancha que estrecha, que constituye la principal arteria de la microscópica población. De esta calle se desprenden transversalmente algunas ramificaciones de casuchas, donde tiene su guarida la clase más pobre del lugar. Esto, y algunos grupos de barracones ó chozas desparramados por los confines del radio municipal, forman en conjunto el rinconcito donde existen el hogar paterno y las más puras afecciones de nuestro personaje.

Las casas, por lo visto, no necesitan
del auxilio de la numeración para ser
conocidas por los vecinos, y aun por las
personas trashumantes. En todas las
edificaciones campea la variedad del *estilo,* y no hay ejemplar que se parezca á
ninguno de los demás. Es indudable que
los señores propietarios de tales casas
han querido que se las conozca por dis-
tintivos particulares.

No debo ocultar que hay en Villarrubia algún que otro trozo de acera, de
ladrillo nada menos. Esta increíble me-
jora tiene su origen en los famosos
tiempos en que empezaron á gobernar
con algún desembarazo los partidos pro-
gresistas.

El alcalde que tal *reforma* ideó en be-
neficio de sus administrados, merece que
se le erija una estatua; porque munici-
pes de este fuste ya son rarísimos en los
tiempos que corremos.

De pocos años á esta parte, el pueblo
cuenta con una taberna elegantizada, á

la que se aplica el pomposo nombre de «Casino».

El exterior de este centro de recreo, por su ausencia de adornos y de buen gusto en la construcción, no le va en zaga al de los edificios colaterales. Para penetrar en el que vamos á convenir en llamar Casino, hay que subir una angosta escalerilla de madera con una inclinación de noventa grados.

Á ciertas horas de la noche, desde la calle se oye el golpeteo de las fichas del dominó, algún que otro ¡órdago! de los que juegan al mus y el rumor de los comentarios y conversaciones de los concurrentes.

También tiene el Casino su correspondiente mesa de billar, donde, según reza la popular tradición, echaron una partida á palos sucios el señor de Mendizábal y otro personaje de aquella época floreciente.

El *restaurant* del establecimiento lo tiene en explotación un modesto aficio-

nado á la industria; pero los que asis-
ten á este círculo, por no desmentir el
carácter general de los españoles, suelen hacer verdaderos prodigios de fru-
galidad. Muy de tarde en tarde despa-
cha el encargado del *restaurant* algún
frasco de marrasquino atenuado ó una
botella de anís del mono. Hay entre los
parroquianos quien se permite el lujo de
tomar café diariamente; porque eso de
tomarlo los domingos y días de precep-
to, como antaño era de rúbrica entre
los hombres de labor y buenas costumbres, ya no se ajusta á las leyes de la
gente moderna y bien educada por aña-
didura. Es posible que haya entre ellos
algunos metódicos á quienes se les indi-
geste la comida sin el auxilio de esa in-
fusión de achicoria y castañas asadas.

En otros tiempos no remotos, jamás
se oía hablar de política á los vecinos
de Villarrubia, porque nadie recibía
esos demonios tentadores llamados periódicos. Hoy, desgraciadamente, se han

olvidado aquellas saludables tradiciones.

Desde que el maestro de instrucción primaria empezó á cobrar alguna futesa por las cajas del municipio, la pública enseñanza ha ido tomando gigantescas proporciones. Hay ya muchos jóvenes que saben leer, y éstos han contagiado de su politicomanía á las demás gentes superficiales.

Las horas que antiguamente se pasaban junto al calor del hogar en las crudas noches de invierno, oyendo las consejas del anciano ó los estrambóticos cuentos de la abuela, se invierten hoy en enterarse del movimiento político, de los proyectos del ministro H y de las gestiones del diputado Z.

En el Casino hay una espaciosa habitación que su flamante organizador el invicto don Liborio, maestro de escuela, músico y sacristán en los días que repican gordo, ha bautizado con el nombre de «Gabinete de lectura», y al cual acuden de diario los lugareños de Villarrubia en demanda de noticias *exteriores*. ¡Daba gozo entrar en el Casino á ciertas horas en que se reunían los más ilustrados individuos de la localidad! Sobre una mesa de pino bastante ordinaria, cubierta con un mal tapete de gutapercha, se veía un fárrago de periódicos madrileños, algunos con grotescas caricaturas de nuestros estadistas y hombres públicos: *El Globo, El Liberal, La Correspondencia, El Motín, El Imparcial, El Siglo Futuro, Las Dominicales...*; muchas revistas ilustradas con «monos» y grabados. ¡Válgame Dios, y cómo gozaba Simplicio al ver á D. Emilio con faldas y á D. Segis con andadores!...

Al rededor de la mesa había unas cuantas sillas de Vitoria. Las paredes de la habitación se hallaban adornadas por abigarrado conjunto de cromos, que representaban, los más, escenas grotescas y hechos históricos cantados en romances de ciego; tampoco faltaban periódicos taurinos con retratos de los Rafaeles, Mazzantini y Salvador..., y aquellas litografías *hacían* de cuadros.

En el Casino se discutía lo que dijo Cánovas y lo que calló Bismarck. Y alternaban las discusiones políticas con las estocadas de Frascuelo y las pastorales del señor Obispo diocesano.

Pues no hay que decir lo que se hablaría de literatura entre Pepín, el chico del alcalde y el sobrino del Padre Alcaraz (varón dotado de raras virtudes y párroco del lugar). Estos dos últimos jóvenes, y otro que iba para veterinario, se habían hecho insoportables desde que vinieron de la Corte.

Hay que advertir que estos mozalbetes aprendían literatura en los folletines de *La Correspondencia,* y se permitían audacias tan odiosas é intolerables como la de disertar sobre el asunto de las novelas, poniendo en tela de juicio el mérito artístico de los autores, y comparaban á Montepin con Richebourg, á Du-

mas con Escamilla y otros que les eran
familiares hasta el punto de conocer todas ó casi todas sus mejores obras.

Por supuesto que estas libertades sólo
se las permitían, como queda dicho, los
lugareños más ilustrados de la última
generación; aquellos que habían cursa-
do un par de años de la Facultad de Derecho en la Universidad Central, y pa-
seaban por el pueblo, durante el período
de vacaciones, con pantalón estrecho,
botas á la inglesa y el tragadero empa-
redado en un cuello de camisa que les
andaba haciendo cosquillas en las orejas.

Ninguno de aquellos infelices sabe aun
lo que pide ó lo que defiende, más que
por simples referencias. Unos, impre-
sionados al leer un discurso de Castelar,
se declaran acérrimos partidarios de la
democracia gubernamental; otros, que,
por eficaz recomendación del cura párroco, leen los agudos apóstrofes de *El
Siglo Futuro,* se sienten animados del
espíritu integrista...

Pero entre estas banderías, en que luchan encontradas tendencias, hay otras opiniones que parecen más conciliadoras.

Así podremos suponer á los contertulios que no regañan con nadie por diferencia de más ó de menos: aplauden los períodos brillantes de Castelar, y son artistas por lo mismo que rinden culto á las bellezas de la forma; admiran la dialéctica de Cánovas, y son filósofos por lo mismo que se explican la razón de las cosas.

En cuanto á Pepín, sólo puede decirse, con el natural sentimiento que producen ciertas declaraciones, que es uno de los que no han respetado las costumbres tradicionales de su familia.

La historia de sus antepasados es una historia vulgar. Hasta su honrado padre, todos se habían dedicado al cultivo de sus haciendas, sin meterse en libros de caballería. Él rompe la marcha, y va por opuesto camino. Es lugareño de naci-

miento, y se siente cosmopolita por inclinación.

Pero esto era justificable en un muchacho que, lugareño y todo, tenía sus ribe-
tes de soñador y sus instintos de aventurero.

II

Tenía el muchacho todos los resabios adquiridos en los usos y costumbres del lugar, y con frecuencia solía incurrir en ciertas imperdonables distracciones que no se le pasarían seguramente al menos atildado madrileño.

Pero hay que confesar que todo lo decía con la mejor intención, y era necesario perdonar sus irreverencias y descortesías en gracia á ser de todas veras involuntarias.

Ignórase qué demonio le había imbuído ciertas ideas, que no estaban en buena armonía con las soporíferas declamaciones filosóficas del Padre Alcaraz,

hombre de profundos conocimientos teo-
lógicos y ejemplo vivo de moral irreprochable.

Pepín era tenido en olor de partidario
de las ideas disolventes. Había cometido la indiscreción de llamarse librepen-
sador y republicano, y el Padre Alcaraz
y las personas piadosas de la comarca se
apartaban del muchacho, tapándose las
narices, como si oliera á azufre, que es,
según todas las opiniones, el olor distintivo de los diablos.

El barbero de Villarrubia era otro de
los apuntados por libertino en el modo
de pensar, y sobre todo en el modo de
decir: no faltaban timoratos empederni-
dos que considerasen al rapabarbas un
elemento peligroso al orden social.

Daba gozo oirle discutir los asuntos
más transcendentales. Había leído á don
Francisco Pi, que tiene la chifladura del
federalismo, y nuestro Fígaro sostenía
importantes debates con las gentes an-
ticuadas y de rancias creencias. Todo

lo subordinaba á la teoría del ilustre catalán.

—¡El hombre es soberano de sí mismo!—proclamaba el maestro peluquero, mientras, abismado en sus discusiones, pasaba la brocha por los ojos y narices de los parroquianos.

—*Ergo* todo poder es la negación de su soberanía—adicionaba Pepín, que era uno de los campeones de la tendencia social de aquel barbero; el cual, lo mismo aplicaba una docena de sanguijuelas á un vecino pletórico, que pronunciaba un discurso alusivo á la libertad del pensamiento.

Á tiro de ballesta se adivinaba que Pepín no era por dentro un lugareño vulgarote; y preciso es confesar al propio tiempo que, al menos por fuera, parecía un señorito cursi de la última hornada.

Y esto, sin dejar de reconocer que era de lo mejorcito de la comarca en materia de educación y formas distinguidas

No se quitaba los lentes ni á tres tiro-
nes. Sabía que tal aditamento daba una
importancia relativa á las personas me-
dianas, y los usaba de continuo á despecho de algunos amigotes que se tomaban
la inocente franqueza de decirle que la
vanidad era su consejera favorita, y
que sólo por darse lustre, aires de hombre de talento y otras muchas lindezas
por el estilo, gustaba de aparecer ante
las gentes como un miope ó corto de
vista falsificado.

Y lo peor era que en el fondo de la
conciencia llevaba Pepín el convenci-
miento de que tales sutilezas no se lanzaban á humo de pajas. Porque el chico
tenía unas ideas y unas aspiraciones,
que ¡ya, ya!...

Por eso, cuando el señor Pascual, padre de nuestro joven, veía los progresos
que en la esfera moral y material se habían realizado en estos últimos tiempos,
solía evocar á Pepín gratos recuerdos
de familia que le hacían comprender la

inmensa distancia que en materia de aspiraciones han recorrido los muchachos
de la época presente.

Era el señor Pascual uno de los politi-
quillos más afamados de la comarca, y
gozaba de gran prestigio, no tanto por
esto, como por ser uno de los caciques
protegidos por el diputado, que le ampa-
raba en Madrid y le ponía á salvo de
correctivo por sus tropelías electorales.
Aun palpitaba en el fondo de aquella inteligencia salvaje el sedimento de sus
proverbiales fechorías.

Tenía el padre de Pepín, como buen
tiranuelo de aldea, cierta habilidad para
atraerse á las masas inconscientes. Sabía manejar todos los resortes imaginables, y no perdonaba atropello para salir victorioso en las contiendas políticas.
Algunos desengaños é ingratitudes recibidos de los amigos á quienes servía con
lealtad, habían agostado en flor todas ó
casi todas sus candorosas ilusiones; pero
no pudo sustraerse jamás á la manía de

3

ejercer su deletérea influencia sobre la voluntad de las gentes incultas.

Prohibirle la lucha era matarle. Había nacido para sacrificarse por los demás, y soportaba con orgullo su vocación de mártir, á cambio del agradecimiento hipócrita de su amo y señor, que le prodigaba una frase lisonjera en el instante del triunfo, y después se negaba á recibirle en su casa.

Pepín había aprovechado las lecciones de su padre. Sin salir de Villarrubia sabía de memoria esa gramática parda de que hacía frecuentes alardes el señor Pascual.

Pero estas amargas realidades de la vida no detuvieron los arranques de la ilusión y los sueños de las aspiraciones en el atolondrado magín del joven villarrubiés, ni tampoco en el de los muchachos de su cuerda.

Ya se consideraba como rareza digna de asombro ver á un hijo del pueblo seguir la huella de sus antepasados.

Afortunadamente, no se habían perdido del todo los estribos en punto á
las predilecciones por las antiguas costumbres.

Entre el plantel de amigos que dispen-
saban á Pepín la honra de su frecuente
trato, podía escogerse con trabajo media docena de pisaverdes que mostrasen
con sinceridad tales inclinaciones.

Y no diré tampoco que entre ellos
sea seguro hallar algunos que conti-
núen siempre incorruptibles; siquiera
por aquello de que los malos ejemplos
son más fáciles de imitar que los buenos.

De pocos años á esta parte obsérvase
que la gente de Villarrubia progresa
mucho en todos los ramos de la picardía.

Los hombres maduros del pueblo no
se han dejado seducir por las tentacio-
nes opuestas al sentimiento religioso:
así es que el culto divino se conserva
incólume en casi todos los corazones.

Lo que va perdiendo de día en día su
preponderancia es aquella antigua ve-

neración á los santones del culto político.

Porque los vecinos de Villarrubia, que, en general, siguen tan simplotes é ignorantes como siempre, ya miran con prevención y desconfianza á los que les hablan de ideas, y de proyectos, y de gobernantes, y de otras zarandajas análogas, respondiendo á tales predicaciones con una incrédula sonrisa, muda expresión de un pesimismo engendrado á fuerza de continuadas burlas y de frecuentes desengaños.

Ése ha sido el fruto espontáneo de la historia, reflejo de las exageraciones y la funesta semilla que van dejando en los pueblos los hombres de la malaventurada política española.

III

SOLILOQUIO

Por arte de birlibirloque teníamos á
Pepín arrellanado en uno de los compar-
timientos de un coche de segunda en la
estación de Albacete, después de haber
recibido la suspirada credencial para Filipinas de manos de su influyente padrino el invicto don Javier López de
Olivares, á quien el señor Pascual había
obsequiado con un acta de representan-
te del distrito ante los Poderes públicos.

Suponía al joven lugareño sumamente
impresionado por las ternezas de la des-
·pedida, y no me pareció raro que, aprovechando la soledad en que se agitaba su
pensamiento, murmurase algunas frases

que traslado á las cuartillas con la posible autenticidad.

Hé aquí su monólogo:

—«Pues, señor, es una rareza,—¡qué digo una rareza!,—¡un verdadero milagro!, lo que acaba de hacer por mí el bueno de don Javier...

»Ya estoy en mis glorias. Y la verdad es que los triunfos se saborean más cuando son inesperados. ¡Bendito sea don Javier, y bendita la hora en que se acordó de buscar á mi padre como persona de su confianza para las elecciones! ¡Vaya, Pascualillo, que te has portado como un héroe! ¡Sacar diputado de oposición á don Javier!... Es inconcebible; ya lo creo. ¡Como que cualquiera derrota á un protegido de don Paco, siendo don Paco ministro!...

»¡Qué chasco tan soberbio ha llevado el chico del alcalde, ese estúpido que quería ir á Filipinas! ¡Vamos, he dejado á los del pueblo con tres palmos de narices!... ¡La credencial! La tengo en mis manos, y aun me parece un sueño. ¡Una credencial de veinte mil reales!... Después dirán los cándidos de Villarrubia que en estos tiempos es obra de romanos ganar una peseta.

»¡Ah bobos!... Ya lo veis; de golpe y porrazo estoy hecho un personaje.

»¡Vaya si puede uno darse lustre con mil duros anuales en un país donde dicen que la gente usa taparrabo!...

»Pero se me ocurre una idea. ¿Qué tendré yo que hacer en esa oficina adonde voy con mil duros?

»En puridad, eso es para mí un grave contratiempo. ¡Jamás las he visto tan gordas!... Pero no hay que pensar en cosas tristes. Por donde pasaron otros, pasaré yo. Si no sirvo, no seré el primero. ¡Casualmente están las oficinas públicas atestadas de gente inútil! ¿Qué importa uno más? Nada. De todos modos, correría la misma suerte. En cuanto se le ocurra al ministro, — ¡cataplum!, — la cesantía.

»Y es lo que yo digo: mientras dura, dura. Eso se encuentra uno. Después, que me quiten lo bailado. Por lo menos, me pagarán el viaje. Y como yo deseo ver mundo, cátate un hombre feliz...

»¡Ahora que recuerdo!... El tío Cucufate ha estado en Filipinas. Por cierto que me recomendó mucho que comprara un libro de no sé qué autor, para ilustrarme acerca del país.

»Pero ¿quién se acuerda de libros en este momento? ¡Valiente tontería! Más vale estudiarlo todo prácticamente, sobre el terreno.

»Lo que yo quiero pensar ahora es en lo que voy á divertirme en este viaje. Dentro de dos ó tres años, cuando yo aparezca en Villarrubia, ¡cuántas cosas raras contaré á mis lugareños!... Yo observaré mucho; ¡eso, sí! Todo hombre debe tener espíritu de observación, según decía el tío Cucufate, que es sujeto de muchas campanillas. ¡Cuidado si sabe ese tío! Cuando se pone á contar histo-

rias de viajes, es cosa de volverse uno
loco con tantas peripecias. Él fué quien
despertó en mi alma el deseo de conocer el mundo, y no pararé hasta que
consiga verlo todo...

»Pero, señor, ¡qué ingrato me he vuelto! Ni siquiera me he acordado de mis
padres, ni de mi hermana Teresa, ni del
bruto de mi hermano Juan. ¡Vaya, vaya!... No merezco perdón de Dios.

»Parece que aun los veo á todos en los
momentos de la despedida. Mi pobre
madre llorando como una Magdalena,
mi padre echándome un sermón, y el
pobre Juan encargándome que le escri-
ba, mientras se deslizaban por sus colo-
reados mofletes unos lagrimones como
aceitunas de grandes.

»La que me ha hecho gracia es Teresa.
¡Mire usted que pedirme un mantón bor-
dado de color rosa con el fondo blanco,
tiene tres pares de bemoles! Nada, que
la chica cree que eso es allí género barato, y no me dejará vivir. ¡Como si lo

estuviera viendo! Y todo, ¿para qué?
Para que luego se presente un zángano
de colmena, y se la lleve con regalos...
y todo lo demás.

»¡Aquel bestia de Bartolo le hacía ca-
rantoñas! Si supiera la gracia que á mí
me hacen esas cosas, no habría vuelto
por mi casa ni á tres leguas á la redonda.

»Él es un infeliz, un buen muchacho, y
lo hace todo con la mejor intención.
Pero ¿quién me asegura que ese ma-
meluco no le juega una trastada á la
chica?...

»Lo malo es que la muy tonta le corresponde. ¡Y cuidado que la moza, como guapa,... es guapa! Es natural; eso
viene de familia.

»Hay cosas raras, y ésta es una. Vamos á ver: ¿por qué cuanto más bruto
es el hombre, tiene más partido con las
mujeres?

»Francamente, no me lo explico. Una
chica como unas perlas será capaz de
casarse con ese rústico mentecato.

»¡Vaya, vaya por Dios!... Conozco yo muchos bobos de conveniencia, que han hecho diabluras con las muchachas.

»Y si no, que lo diga Simplicio Carpanta, ese que, con cara de haber ido á misa todos los domingos, tuvo que apresurar su casamiento con la Gonzalita.

»¡Bueno estaba el Padre Alcaraz con la familia de Simplicio! Lo que es si no se casa, los excomulga, ¡ya lo creo que los excomulga!...

»En fin; líbrenos Dios de los malos pensamientos.

»¡Ahí os quedáis, lugareños pervertidos! No quiero más tratos con gente de vuestra calaña. Lo que siento es dejar entre vosotros á esos padres y hermanos, que son otros tantos pedazos de mi corazón.

»Me voy, y Dios sabe si volveré.

»Si vuelvo, hasta la vista. Si no vuelvo, rezad un Padrenuestro por este desgraciado, y... *Requiescat in pace. Amen.*»

IV

Pocos minutos antes de arrancar el tren abrióse una de las portezuelas del compartimiento que ocupaba Pepín, y sin más preliminares se posesionaron de los asientos que resultaban vacantes una señora carilarga y delgaducha y un señor de ojos saltones, bajo y regordete, que tenía toda la catadura de un tendero de ultramarinos.

Eran las dos de la madrugada, y hacía un frío capaz de convertir en sorbetes á los empleados del ferrocarril.

Cuando se abrió la portezuela, de muy buena gana hubiera azuzado Pepín un

perro de presa al presunto matrimonio;
pero después se alegraría de que alguien
alimentase su charla, á la que era un afi-
cionado impenitente.

La señora aquella parecía mujer de
buen humor: le hizo mucha gracia que
su marido recibiese un golpe en la tibia
al poner el pie en el estribo del coche.

Era cosa de reirse ver al pobre hombre dar un traspiés, llevando sobre sí
un enorme botijo, una jaula vacía, una
manta morellana y una bota con vino de
Valdepeñas. Esto, sin contar otras frio-
leras que había introducido de antemano la estirada consorte.

Dado el humor que gastaba el señor
de los ojos saltones, parecía indudable
que le tocaría á Pepín alguna venganza
por la sonrisita burlona con que acogió
al original matrimonio.

Ni siquiera saludó al muchacho el nuevo viajero. Pero Pepín debió de hacerse
cargo de la situación, y no creyó que
fuese aquel un momento oportuno para

dar al señor del botijo una leccioncita
de buena crianza.

Á todo esto, la viajera no quitaba
ojo del rincón donde Pepín se había aco-
modado.

El joven siguió portándose á la inglesa. Miraba y callaba á todo; pero en
cuanto el tren empezó á deslizarse por
la vía con su acompañamiento de silbi-
dos y escapes de vapor, la señora soltó su pico de oro preguntando á Pepín
adónde iba, si era soltero, si tenía frío, si
era de Albacete, y otros muchos detalles
que no le importaban maldita la cosa.

Al poco rato, el marido se arrebujó en
su manta hasta las narices, y colocóse
en el otro extremo del banco que ocupaba Pepín, sacando entre los pliegues de
su abrigo unos ojazos capaces de meter
miedo á cualquier ciudadano pacífico.

Casi casi aburrido, sacó Pepín su pe-
taca y ofreció un pitillo de estanco á su
compañero de viaje, que se contentó con
decirle:

—No gasto; muchas gracias.

—Pues yo—repuso el muchacho,—si me lo permite la señora...

—Sí, hombre; fume usted: yo no privo á nadie de sus caprichos—dijo ella sonriendo ligeramente.

—¡Ojalá fuese así!—contestó por lo bajo Pepín, como contándoselo á la solapa de su gabán.

Lió Pepín su cigarro y fumó con verdadera fruición.

Á la tercera chupada llenóse de humo el compartimiento, y la señora empezó á hacer como que tosia.

La verdad es que el tabaco era, como cosa del estanco, detestable. Pepín, que comprendió la molestia de la viajera, expuso:

—Señora, mucho sentiría...

—No, no; siga usted fumando; es que estoy un poquillo resfriada.

Soltó Pepín la cuarta bocanada, que debió de hacer al caballero de la manta el efecto de un trabucazo, porque se le-

vantó como impulsado por un resorte, y,
abriendo la ventanilla, largó un estor-
nudo fenomenal.

—¡Cierra, y no seas imprudente!—or-
denóle la viajera, mostrando su autoridad sobre el pobre hombre de los ojillos
saltones.

—Ya cerraré—contestó éste con humildad.

Ante tanta finura de parte del matrimonio, tiró Pepín el cigarro, pues ya iba
poniendo mal entrecejo aquel señor de
la manta.

Volvió el hombre á su primitiva rinco-
nera, mudóse de calzado y echó mano al
montón de los chismes consabidos. De
una cesta sacó tres ó cuatro panecillos
y unos cuantos líos de papel de estraza,
que olían á fiambre desde una legua.

Pepín, que había intentado hacerse el
dormido mientras cenaba el matrimonio,
sintió el chirrido de una descomunal na-
vaja que se abría, y abrió á su vez los
ojos asustado.

Quieras que no quieras, tuvo que par-
ticipar del festín, que se hizo más abundante y variado con los comestibles que
él llevaba condimentados por su madre.

Cuando los tres empezaron á comer,
ya pudieron hablar con relativa franqueza. No hay nada que convenza tanto
como los argumentos estomacales.

Allí comían los tres como si fueran
amigos de toda la vida.

El señor regordete no dejaba la nava-
ja ni para un remedio. Así es que el muchacho, tímido de suyo, hablaba lo menos posible, dejando á media correspondencia á la remilgada señora.

El marido, después de empinar el codo
de lo lindo, se decidió á preguntar:

—Y usted, ¿hacia dónde se dirige?

—¡Á Filipinas!—contestó Pepín con la
boca llena.

—Pero usted irá empleado..., ¿no es
eso?

—Sí; voy de oficial de quinta clase con
mil duros de sueldo.

—¡Cáspita!—exclamó la viajera sin poderse contener.

Le pareció, sin duda, mucho dinero para un hombre solo, y la infeliz añadió con cierto dejillo de amargura:

—¡Ay!... Si mi Juan alcanzara una prebenda de esa clase, bien á gusto pasaríamos el charco.

—Pues mire usted, señora, lo que yo llevo es de lo peorcito—dijo Pepín con ánimo de consolarla.

Pero no bastó: la pobre mujer no pudo menos de conmoverse y relatar al muchacho la siguiente historia:

—Ya usted ve; mi marido lleva quince años de servicios en Carabineros, tres en las salinas de Torrevieja, de donde salió por intrigas de una mala lengua, que debía estar cortada para escarmiento de pícaros; ¡ha sido de la policía secreta en tiempos de Xiquena!; últimamente desempeñó un destino en el alcantarillado de Madrid, al que tuvo que agarrarse como tabla de salvación, porque el ham-

bre es muy fea; sí, señor, muy fea, muy
horrible.

—Eso es una injusticia como hay muchas.

.—Pues lo es, y no paro hasta que éste
consiga colocarse. Porque ¡cuidado con
lo que mi marido ha trabajado en las
elecciones! ¿Y todo, para qué? Para que
ahora tengas que dedicarte á comisionado de apremio.—Esta última parte, diri-
gida al interesado, que hacía signos afir-
mativos.

Pepín, conmovido también, repuso:

—Eso es muy corriente en España:
los ministros no suelen premiar nunca
los méritos de los empleados; hoy todo
es hijo de la recomendación: ya ve
usted... yo, que apenas cuento veinte
años...

—¿De servicios?—exclamó el comisionado con asombro.

—¡Quiá, no, señor; de existencia!

—¡Ah!, vamos; ya me lo explico. Siga
usted.

—Pues sí, hombre, sí. Voy á probar fortuna.

—¿Y eso está muy lejos?—preguntó la señora.

—Pchs... Poca cosa; unas tres mil quinientas leguas de la Península.

— ¡Qué barbaridad!—dijeron á coro la señora y el comisionado.

Este asombro por la distancia hacía comprender que el matrimonio ya no envidiaba la situación de Pepín, y que el comisionado continuaba feliz en su modesta clase de funcionario circunstancial.

Llegó el tren á la estación de Chinchilla, donde suele haber gran contingente de viajeros.

Al comisionado no le sirvió el ardid de correr la cortinilla del farol.

Abrióse bruscamente una de las portezuelas, y un nuevo viajero penetró en el compartimiento. Saludó el desconocido con la soltura franca de los hombres del campo, y comenzó á colocar chismes en la rejilla.

Allí terminó el diálogo. Todos busca-
ron la postura más cómoda para dormir,
y á los quince minutos no se oía más que
el roncar sonoro de aquellos benditos,
formando un dúo de piporro bastante
desafinado.

Al despertar había llegado el tren á
la Encina. El matrimonio quedó en la
estación inmediata, despidiéndose á la
francesa.

Un mozo avisó el cambio de tren. Pepín hizo el transbordo de sus friolerillas
á un coche donde le esperaban grandes
molestias. Allí viajaban un sacerdote
obeso; un señor con almohada, gorro de
dormir, cartera y otras chucherías; un
joven simpático, con marcado acento
andaluz; una señora cursi, que tenía trazas de pupilera; una joven romántica y
espiritual; un perrito de lanas, y un sargento de la Guardia civil.

Aquello estaba animado. Se hablaba
de todo, y, rodando la conversación, se
trató de política.

Dentro de aquel estrecho recinto había opiniones para todos los gustos.

—Don Práxedes es un gran hombre: no hay quien pueda con él, á pesar de su indolencia musulmánica—decía el señor de la cartera, denunciando sus preferencias por el fusionismo.

—¡Para hombre listo, Romero!—exclamó el andaluz.

—Con efecto; no hay quien le aventaje en habilidad para apoderarse de todas las banderas: su casa debe de ser una sucursal de la iglesia de Atocha.

Y otro, terciando, aducía:

—En cambio, D. Antonio, el que vino á continuar la historia de España, la terminó casándose, que es como acaban generalmente todas las comedias. Ha ido al matrimonio como el pecador arrepentido, y su mujer se encargará de hacerle purgar sus cantos á Elisa y todos sus excesos reaccionarios.

Y añadía el andaluz:

—Se comprende que su señora haya

tenido la aspiración de ser presidenta:
ni creo que D. Antonio tenga grandes
atractivos en sus sesenta y tantas pri-
maveras, ni creo que su mujer se haya
casado por el interés romántico de ren-
dir culto á la palabra brillante y fasci-
nadora.

—¡Ah! En ese caso pronto dejaría de
creer á D. Antonio un hombre eminente.

—En cuanto le viese en mangas de
camisa...

—Ó en gorro de dormir...

—Como le ha visto Ramón.

El sacerdote sonreía sin emitir opiniones; la señora miraba á los interlocu-
tores como queriendo cortar la conversación, y la niña se asomaba discreta-
mente á la ventanilla, viendo el giro que
había tomado el diálogo.

—Ya estamos para llegar á Játiva—
dijo el sargento, conocedor de la línea.

Paró el tren, y muchos viajeros se
agruparon en torno de un tenducho
anejo á la estación. Allí se vendían

unas chuletas riquísimas por muy poco dinero.

Al arrancar la locomotora, el compartimiento donde iba Pepín convirtióse en un comedor con ruedas.

Desde Játiva á Valencia sólo atraía la atención de los alegres viajeros el maravilloso espectáculo que ofrece aquel inmenso bosque de naranjos, higueras de India, áloes, granados y palmeras.

Poco antes del mediodía llegaron á Valencia. Desde la salida de Alfafar ya se divisa aquella hermosa plaza de toros, de estilo árabe, con sus enormes pilastras y sus cuatro órdenes sobrepuestos de arcos.

Pocos instantes después recorría Pepín las tortuosas calles de la ciudad del Turia, aprovechando las horas que le faltaban para su salida en el *express* de Barcelona.

V

El trayecto que media entre la ciudad del Cid y la hermosa capital de Cataluña no ofrece á la curiosidad del lector detalle alguno de interés en la historia de nuestro personaje.

Instalado en la fonda de España, situada en una de las calles que desembocan en la Rambla, fácil es comprender el asombro del joven lugareño al verse confundido entre aquel movimiento vertiginoso que caracteriza á las grandes capitales.

Pepín, que no había salido de Villarrubia, veía en cada escaparate una rique-. za, en cada edificio una maravilla.

La impresión que nos causa Barcelona
es la que se imagina de ciertas grandes
ciudades extranjeras después de haber
leído las descripciones de los *touristes*
ilustres.

Barcelona constituye una verdadera
excepción del carácter general de las
antiguas poblaciones españolas. Los habitantes de éstas parece que viven pe-
trificados en el silencio de la contempla-
ción y de la inercia; los de aquélla se
agitan y bullen con el movimiento continuo del trabajo. Nótase en las calles cén-
tricas de Madrid la misma oleada de
gente que pulula al azar, como si aquella
agitación la impulsaran únicamente la
vaguedad y el ocio inextinguible. Así se
explica que cualquier parlanchín, titiri-
tero ó sacamuelas tenga en la Corte un
público numeroso que le escuche y ría
sus bufonadas, mientras que en Barcelona apenas si el que va y viene derrocha
un minuto en tales bagatelas. Hay entre
las gentes de uno y otro pueblo la dis-

tancia que separa á la gente práctica de
la gente novelera.

Esto, con las honrosas excepciones
que caben siempre en toda afirmación
relativa.

La Rambla, aquel espacioso paseo,
sombreado por extensa fila de corpulen-
tos árboles, en el que á todas horas cir-
culan miles de personas, es un centro
de actividad donde se cotizan grandes
transacciones y se conciertan importantes negocios mercantiles; la calle de
Fernando, con sus deslumbradores es-
caparates, es la manifestación más enloquecedora de la riqueza y el lujo: allí
es donde se comprende el resultado de
un pueblo laborioso.

El aspecto de Barcelona revela el gusto moderno en las construcciones. An-
chas calles, soberbios edificios, hermo-
sas plazas: todo parece obra de pocos
años; nada, exceptuando algún caserón,
remedo de los antiguos de magnates, nos
muestra el abolengo de los siglos.

Dos días en la espléndida ciudad no
bastan para admirarlo todo, y menos
para detenerse en minuciosas descripciones. El atractivo de lo grande y de lo
bello llevó, sin embargo, á Pepín, in-
conscientemente, de calle en calle y de
sorpresa en sorpresa; y cada vez se sentía animado de una nueva curiosidad,
como sediento de admirar una á una
cuantas grandezas atesora la monumen-
tal ciudad de los Condes.

Cuando regresó á la fonda, después de
haber visto el Parque con su majestuosa
cascada, llena de estatuas y de silfos,
circunscrita por caprichosos juegos de
escaleras y balaustradas, con sus grutas
cuajadas de estalactitas y estalagmitas,
y sus planicies sembradas de violetas,
jazmines y pensamientos, creyó haber
despertado de un sueño inspirado en un
cuento de hadas.

. . . .

El comedor del hotel donde estaba Pepín restaurando las fuerzas perdidas en

su largo paseo, hallábase animadísimo.
Allí se hablaba italiano, francés, ale-
mán, lemosín y castellano: aquello era
una verdadera anarquía del lenguaje.
Nuestro joven sostenía animado diálogo con un señor de aspecto sombrío y
respetable. Por la conversación dedu-
cíase que este señor también era foras-
tero.
Hablando de las impresiones de la llegada, el hombre venía haciéndose lenguas de las cosas que había visto. El En-
sanche, el Paseo de Gracia, el Mercado
del Borne, la Rambla, el Parque, el Teatro del Liceo, la Catedral, el Cemente-
rio,... todo le pareció una verdadera maravilla.
—Por algo escribió Cervantes hace
tres siglos que Barcelona es la flor de las
bellas ciudades del mundo—decía el interlocutor del joven villarrubiés.
Pepín, que participaba de la fogosidad
de aquel señor, en su candidez de lugareño, afirmaba que si Cervantes no hu-

biera dicho eso, lo diría él. La sinceridad con que se expresaba el muchacho
le valió el agradecimiento de un catalán
que, entusiasmado con tan laudables manifestaciones, aseguró que *an Barsalo-
na* se encuentra todo á pedir de boca:
bueno, bonito y barato.

El caballero que departía con Pepín
descubrió su chifladura á poco que le
sondearon.

Viendo el hombre que se agrandaba
el corro de los oyentes, sacó á relucir
sus conocimientos históricos.

Una sobremesa de dos horas bastó al
joven villarrubiés para adquirir ligeras
nociones acerca del país que tanto le en-
tusiasmaba.

Entonces supo que á los Reyes Católicos debe España la gloria de que tremo-
le el pabellón nacional en la inexpugna-
ble fortaleza de Montjuich.

Asombrado Pepín con la sabiduría de
aquel hombre, que le hablaba de los fo-
censes, de los laletanos, de la república

de Cartago, de Aníbal y de la irrupción
de los pueblos bárbaros que invadieron
las regiones catalanas, no se atrevía á
pronunciar vocablo. Pero así que el historiógrafo trató de don Ramiro *el Monje*,
aquel que se casó, monje y todo, con
una hermana del duque de Aquitania, y
realizó la alianza de Aragón y Cataluña
con un simple contrato matrimonial entre su hija doña Petronila y Ramón Be-
renguer, exclamó Pepín con la mayor
inocencia:

—Pero, hombre, ¡es posible que así se
aliaran los pueblos en aquella época!...

—Sí, señor; en aquella época y en ésta:
los monarcas hacen así las cosas; dos
pueblos que hoy se despedazan en desastrosa lucha, se cònvierten en hermanos cuando un príncipe de un bando entra en proyectos de boda con una prin-
cesa del otro.

—No hay duda que el amor realiza
grandes milagros—comentó uno de los
oyentes.

5

—Figúrense ustedes lo que sería de nosotros si á doña Petronila no le da la humorada de casarse—añadió otro.

Y el catalán de marras contestó:

—Pues nada; que nosotros seríamos catalanes y ustedes serían españoles.

Era ello cosa grave para ser tratada después de una comida fuerte, y el auditorio empezó á levantar el campo, no sin hacer justicia á aquel buen señor, que había entretenido á Pepín y á media docena de viajantes de comercio con el sonsonete empalagoso de alguna historia destinada al uso de las escuelas de primeras letras.

Cuando Pepín se despidió de su nuevo amigo y le anunció su viaje á Filipinas, ¡cuánta no sería la sorpresa del muchacho al enterarse de que aquel hombre iba á seguirle en su larga expedición!...

En vista de lo cual, presento á la consideración de ustedes á don Toribio Formigueira, gallego, aunque le esté mal el decirlo, abogado y protegido de don

Manuel, por obra y gracia de quien iba á pasar su temporadita en el otro *mundu*.

¡Pobre Pepín!

Tenía que aguantar las erudiciones de Formigueira por espacio de treinta y cinco días consecutivos.

Hay situaciones insoportables, con las que es preciso transigir en acatamiento de la fatalidad ó en gracia de la prudencia.

En fin; había que resignarse, dejando hablar á don Toribio de madréporas y constelaciones.

Porque de algo se ha de tratar, cuando la monotonía del cielo siempre azul y del mar sin borrasca despierta en nuestros corazones la nostalgia de la tierra.

VI

¡Á BORDO!...

Toda la mañana de aquel día, que se
presentaba espléndido y hermoso, estuvieron Pepín y don Toribio ocupados en
el arreglo del pasaje. Como todo lo que
se relaciona con oficinas públicas tiene
tan complicados trámites, los flamantes
viajeros corrieron la Ceca y la Meca
antes de ver en sus manos los codiciados
billetes.

Una lancha de vapor nos esperaba
(también el novelista va de viaje) junto
á la escalerilla, situada frente á la soberbia estatua de Colón. Murmuré un
adiós á la tierra patria, y á los diez minutos nos encontrábamos todos sobre

la anchurosa cubierta del vapor *Santo Domingo,* uno de los mejores buques de la flota que la Compañía Transatlántica destina al servicio de correos ultramarinos.

Á medida que se acercaba el momento de levar anclas, se acentuaban en el interior del buque las escenas conmovedoras: mujeres que lloraban con la amargura de las madres; hermanos que se abrazaban y gemían en silencio; amantes que veían cercana la partida del ser adorado de su corazón; en todas partes grupos de amigos y deudos de los que iban á partir, tal vez para siempre, de la querida patria; unos y otros con los ojos hinchados de llorar...; criaturas que gritaban; entrecortados suspiros que se apagaban al contacto del aire; abrazos y rumores de besos cariñosos... ¡Cuántos poemas de angelical ternura y sentimiento!...

¡Llegó la hora de la marcha! La emoción de todas las almas se dibujaba en

todos los semblantes. El drama surgió
entonces en su manifestación más con-
movedora, y las escenas anteriores se
renovaron con precipitados transportes.
La campana nos anunció la salida, y á
los cinco minutos quedó despejada la
cubierta.

Aquellas madres, aquellos hermanos,
aquellos amigos invadieron las diminu-
tas embarcaciones que circundaban la
inmensa mole de hierro movida al impulso de la hélice, que giraba con pausadas
revoluciones. La maquinilla de proa le-
vó anclas, mientras la de popa cobraba
el cabo que pendía de la flotante boya de
amarre: un grupo de marineros manio-
braba en el practicaje con la presteza
que caracteriza á nuestros hombres de
mar; el pito del contramaestre puso
en movimiento á la tripulación entera,
mientras el capitán y los oficiales diri-
gían desde el puente las maniobras; fun-
cionó el telégrafo que pone en comuni-
cación á pilotos y maquinistas, y el bu-

que, una vez puesta la proa en dirección á la bocana, avanzó con majestuosa
lentitud, abriéndose paso entre aquel
bosque de entenas que se divisa desde
el muelle de Atarazanas.

Los pasajeros, asomados á las baran-
das de la toldilla, prorrumpieron en un
¡adiós! general, que fué contestado por
los tripulantes de las pequeñas embarcaciones que el vapor había dejado tras
los encajes de espuma levantados por el
vertiginoso movimiento de la hélice. Al
trasponer la bocana del puerto, sonó un
cañonazo, y la ondulante bandera del
Santo Domingo saludó al pabellón izado
en la altiva cumbre del Montjuich.

Estábamos fuera del puerto. Un grupo
de marineros recogía las escalas de las
bordas, y nosotros agitábamos los pa-
ñuelos, dedicando á los seres queridos
el último adiós; ese adiós silencioso del
alma, que inspiró los melancólicos ver-
sos de Ferrán.

Todas las miradas se fijaron en un

punto que se alejaba con pasmosa rapidez. Al cabo de una hora, apenas se vislumbraba una sombra de la Península hispana. Poco después el sol escondía su disco de oro en los abismos del horizonte, dejando en las vaporosas nubes las tintas delicadas del crepúsculo; el mar se agitaba en ondulaciones, que movían el buque con compasado y dulce balanceo, y sólo divisaron nuestros ojos, aun preñados de lágrimas, la inmensidad del cielo y de los mares.

Á las tres horas de navegación apenas habían quedado sobre cubierta ocho pasajeros que hubieran resistido el agitado balance sin sufrir las horribles angustias del mareo.

Á medida que las tinieblas de la noche se cernían sobre la superficie de las aguas, los viajeros desaparecían para encerrarse en sus respectivos camarotes. Pasé por los angostos corredores de la cámara, y sólo se oían amargos ayes y tristes lamentaciones. Los cama-

reros eran insuficientes para atender á
los que gritaban en demanda de asistencia. Aquello se convirtió en un lazareto, y el hedor nauseabundo de los vó-
mitos me arrojó de aquel sitio y subí á
la toldilla, donde se repetía la escena
entre los más valerosos y resistentes.
Llegó la hora de la comida, y á toque
de campana acudimos á restaurar las
fuerzas del estómago, que ya nos moles-
taba, si no con las terribles mordeduras
del hambre, por lo menos con el sutil
cosquilleo del apetito. Las bien provis-
tas mesas quedaron casi desiertas. El
mareo había causado infinidad de bajas
entre el pasaje; y al servir el primer
plato del suculento *menu,* sólo ocupa-
ban sus puestos de honor el capitán, que
presidía, dos oficiales de la dotación, el
sacerdote, el sobrecargo y el médico de
á bordo. Entre el pasaje figuraban un
señor de luengas patillas á la inglesa,
bastante simpático por cierto; siete individuos entre militares y empleados;

dos frailes dominicos; una señora mayor, de pelo gris, obesa y coloradota, y
el bueno de don Toribio, que aseguraba
no marearse por haber hecho repetidas
veces la travesía de la Coruña á Bayona.
Satisfecho el apetito que despiertan
los aires puros del mar, dejé que mi pobre lugareño, encerrado en el camarote, saborease las primicias del viaje, y
subí nuevamente á la toldilla, donde me
acompañó el imperturbable don Toribio, que no me dejaba vivir con sus eter-
nas chifladuras científicas.

Al asomarnos por la borda de estribor
vimos destacarse entre la obscuridad
un punto de luz penetrante y viva.

Era el faro de la isla de Mallorca, es-
tablecido en el cabo Formentor, según
me anunciaba don Toribio.

—Pronto estaremos en pleno golfo de
Lyon—añadió nuestro hombre, en cuyo
énfasis se adivinaba cierto alarde de
geógrafo.

Ya le conocía como historiógrafo, y

esto daba á mi buen amigo ocasión propicia de lucir sus conocimientos en materias de astronomía y náutica.

Resignado á transigir con las erudiciones del jurisconsulto pontevedrense, sentéme en uno de los bancos de la toldilla, presa el alma de horribles inquietudes y la imaginación en el fondo de aquel amado hogar que abandonaba.

Mi silencio y mis rotundos monosílabos no detenían aquella lengua expedita para toda clase de comentarios y noticias, y á la media hora de haber escuchado las disquisiciones del erudito gallego, sentí horriblemente fatigado mi espíritu de tantas y tan innumerables maravillas estelares como don Toribio había escudriñado á simple vista en el cóncavo azul del firmamento; los Greco-gemelos, la Ursæ minori, la Galaxia incendiada por el Carro del Sol y los cinco Soles de Casiopea, el Ojo de Tauro y el Carro de David, Júpiter y las Pléyades, Venus y Saturno presidiendo la

marcha de sus ocho hijos..., todo lo conocía á pedir de boca el bueno de Formigueira, que había devorado allá en la
suya *terra* cien libros de Michelet, Flam-
marión y Julio Verne, alternando con
los prolegómenos del Derecho.

No hay para qué decir lo que hablaría
don Toribio desde el instante en que se
determinó á dejar los abismos del espacio para hundirse en las profundidades
del mar.

Cuando pedí á la angosta litera breve
descanso de las fatigas de aquel día,
quedéme dormido bajo la impresión de
las últimas palabras de don Toribio,
y en mi horrible pesadilla bajé hasta
el fondo de aquellos mares, cuajados de
tréboles, cariófilos y tubíporas; enormes cordilleras pobladas de monstruo-
sos crustáceos, tiburones, ballenas, pul-
pos y argonautas; volcanes en erupción,
cavernas extraordinarias y rocas cubier-
tas de musgo y de pelusillas vibrátiles,
que se movían á manera de infusorios.

Al despertar de mi agitado sueño,
cuando me creí armado de escafandra,
con la impermeable vestidura de los bu-
zos, experimenté una de las más grandes contrariedades de mi vida.

Soñar con la inmensidad, abrir los
ojos y encontrarse encerrado en un estrecho camarote, es una decepción verdaderamente desconsoladora. Pásase,
en transición momentánea, de lo infinitamente grande á lo infinitamente pequeño. Pero había que hacerse superior
á tan violenta metamorfosis.

Conforme con mi humilde pequeñez,
frotéme los ojos para disipar los últimos
vapores del sueño; y, sacudiendo la pereza que aun me retenía en el fondo de
la litera, subí á la toldilla, donde me
aguardaba una legión de personajes que
sucesivamente iré presentando á la curiosidad del discreto lector.

VII

Seguíamos navegando con rumbo al SE., según me aseguró un oficial de la dotación. El día se presentaba tan des-pejado como el anterior; soplaba ligera brisa, y el mar, tranquilo como balsa de aceite, convidaba á los pasajeros á dis-frutar del admirable espectáculo que ofrece el hermoso amanecer de un día de primavera.

Sobre la toldilla del buque se encon-traban casi todos los viajeros que con-ducía en su larga expedición á las apar-tadas regiones orientales.

Pepín y don Toribio formaron en el corro del elemento joven. Las personas mayores, por un secreto instinto, componían grupo separado, y, en general, se hallaban cómodamente arrellanadas en sus sillones de bejuco. Se ha generalizado tanto esta sabia costumbre, que para algunos es aquel sillón un mueble indispensable en semejantes expediciones; y es raro el pasajero que no lo tenga con sus iniciales, obra del propio establecimiento donde fué comprado, ó, por lo menos, con su correspondiente tarjetita cosida al respaldo para mayor inteligencia de los imprevisores.

El tiempo que habíamos viajado juntos no era para permitirse grandes confianzas; pero la idea de que todos íbamos á correr durante algunos días los mismos peligros y las mismas vicisitudes, estableció entre nosotros, desde el primer instante, cierta comunidad de relaciones, no muy general entre individuos que se conocen de veinticuatro horas.

La educación exigía, además, que se

cambiasen saludos y preguntas sin necesidad de presentaciones ni otras fórmulas sociales previas. Es una costumbre saludable en casos de esta índole, y todos la acatamos gustosos sin la menor violencia, y sin perjuicio de no estrechar relaciones con el que resultare incompatible con nuestro modo de ser ó con nuestras predilecciones en materia de trato.

Entre la diversidad de tipos que se ofrecían á la muda observación, ninguno tan original como el viajero de las patillas á que hice referencia cuando hablé de la primera comida á bordo. Llamábase don Fernando Mañas; frisaría entre los cuarenta y cinco y cincuenta años, y era de los reincidentes en su viaje al Archipiélago. Hombre alegre, como buen andaluz, y versado además en materias distintas. Hablaba bien y pensaba mejor; tenía aquel hombre esa delicadeza propia de quien ha conseguido dominar los secretos resortes del tra-

6

to de gentes, esa cualidad tan difícil de
poseer sin llegar á la rastrera adula-
ción, que constituye para ciertas personas una ciencia experimental mucho
más peliaguda que la patología interna.

El sexo débil estaba medianamente re-
presentado. Helo aquí: cinco señoras
mayores; una joven histérica, recién casada con un teniente de Infantería; tres
muchachas solteras, una de ellas bastante agraciada y alegrilla, y una moza de primer orden, ya entrada en los
treinta y cinco, pero guapa y de buenas
carnes, morena, de ojos negros y brillantes, y bien surtida de indumentaria.
Recuerdo que lucía aquella mañana un
matinée blanco con adornos granate, y
redecilla con vivos del propio color, que
quitaba el entendimiento á cualquiera
que le gustase el jamón bien conser-
vado.

Esta señora viajaba sola; pero, según
se dijo entre los comentaristas de nuestra improvisada tertulia, se embarcó

con el propósito de reunirse con su marido, que era á la sazón no sé qué cosa
importante en Filipinas.

También nos acompañaban en aquel
viaje media docena de chiquillos, vásta-
gos, al parecer, de los matrimonios des-
cubiertos en las referencias de nuestra
conversación.

El señor de Formigueira ya había dicho á todo el mundo que era abogado y
amigo de don Manuel: esto le daba cierto carácter entre los cuatro ó seis funcionarios de nuevo cuño que se sentían
agradecidos á los favores de aquel dios
del Olimpo burocrático.

Asimismo había militares de distintas
armas y jerarquías. Predominaba el elemento joven; pero iba, como nota discor-
dante entre ellos, un señor Balarrasa,
que era una especie de Brigadier Tale-
gón, maldiciente, áspero y rudo en su
trato, y con entrecejo de pocos amigos.
Á las primeras de cambio se quejó de su
suerte, á pesar de su empleo de coronel.

Llevaba nada menos que tres viajes hechos á Ultramar, y diez y ocho años de
honrada permanencia entre Cuba y Filipinas.

Era, por lo tanto, la cuarta vez que se
animaba á pasar el charco. No podían
acostumbrarse, ni él ni su señora, que
parecía un sargento de la Guardia civil,
á las miserables pagas de la Península,
y se resignaban á vivir en Ultramar,
donde, según Balarrasa, se trabaja poco
y luego le luce á uno firmar la nómina.

Había que compadecer á este hombre,
sin embargo, porque otros con menos
motivos han llegado á generales. El
mismo Balarrasa citaba ejemplos de
pundonorosos militares que eran alfére-
ces cuando él iba á ser capitán, y hoy
figuran en los más altos destinos de la
milicia.

¡Quién sabe lo que á estas fechas sería Balarrasa si le hubiera tirado la inclinación de sublevarse!...

Porque, lo que él decía:

—La lealtad y los buenos servicios en España no sirven más que para una cosa: para que cuando uno muera le llamen los periódicos «bizarro y pundonoroso militar». Con eso queda satisfecha la vanidad de la familia, que, á falta de mejores arbitrios, tiene el recurso de morirse de hambre.

—¡Cosas del mundo!—era la frase sacramental de los que oíamos las amargas lamentaciones del descontento coronel.

Y con tales palabras salimos del paso, antes que Balarrasa nos obsequiase con alguna historia soporífera acerca de sus méritos personales y servicios prestados en holocausto de la patria.

Llegó la hora del almuerzo, y todos desfilaron hacia el comedor, que aquel día se hallaba favorecido con la presencia de las damas. Á cada uno de los comensales se le designó su sitio, y en la mesa que presidía el capitán del buque tomó asiento la viajera del *matinée* con adornos encarnados. Ella atraía todas las miradas, y los oficiales del barco la colmaron de atenciones y preferencias, que causarían la desesperación de las demás viajeras correspondientes al género vulgar.

Aurelia, que así se llamaba, fué desde aquel momento el asunto de todas las conversaciones y el blanco de todas las envidias.

—Irá recomendada—decía irónicamente una de las viajeras del montón.

—Se recomienda por sí misma—contestaba uno de los comensales inmediatos.

—La hermosura siempre es causa del privilegio—añadía don Toribio, ensartando con el tenedor una aceituna sevillana.

—Por eso hay que rendirle parias á doña Aurelia—se atrevió á decir uno de los que traían á bordo el pesado bagaje de la mujer y de dos inocentes criaturas.

—¡Pues como tú la mires ó la dirijas

un piropo, te arranco las orejas!—pre-
venía á su marido una tenienta del arma
de Caballería.

Y así seguían los comentarios, mientras la interesante viajera almorzaba,
ignorando la horrible cruzada que iban
á emprender contra ella los pollos enamorados, los viejos libidinosos, los maridos hastiados, y sobre todo las valientes militaras y señoras civiles, que se
sentían heridas en lo más profundo de
su amor propio.

No faltaron desde entonces aprecia-
ciones peligrosas sobre la procedencia
de aquella mujer, por el mero hecho
de ser amable y admitir galanterías de
buen género.

Y eso que nadie había conocido á Aurelia hasta el momento del embarco.

Tanto dieron en hablar las gentes, que
de todo se sacaba partido: de una mirada, de un gesto, de cualquier cosa.

¡A cuántas exageraciones se presta la
envidia!... No sabían aquellos infelices

que, como dijo un célebre filósofo, una
mujer galante es una letra de cambio,
que vale más cuanto mayor es el número
de firmas que tiene.

El médico de á bordo fué desde luego
el predilecto amigo de Aurelia. Un médico joven, discreto y fino galanteador,
á más de buen pianista, es cosa que no
le disgusta á ninguna mujer hermosa. Él
lo comprendió así, y se llamó á la parte,
ofreciendo el brazo á la elegante viajera
para subir nuevamente á la toldilla.

Una vez allí, observé que el diálogo
entre Aurelia y el galeno se animaba
por momentos. Ella sonreía; de vez en
cuando lanzaba una carcajada, y las bromas del doctor parecían pesadas, hasta
el punto de que la viajera se ruborizaba
y cubría el agraciado rostro con el abanico en señal de regocijo ó de vergüenza.

—¿Qué le dirá?

Ésta fué la pregunta que nos hicimos
todos los que sinceramente envidiábamos la fortuna del doctor.

Dejéles en su animado é íntimo diálogo, sin incurrir en extemporáneas indiscreciones, y me dirigí hacia la baranda de popa para enterarme de las millas que habíamos recorrido en la primera singladura.

El barco andaba bien. Habíamos recorrido doscientas setenta millas en veinte horas. Seguía el viento de popa, y el vapor lo aprovechó largando todo el velamen.

Hasta Port-Said, que informaré al lector de los accidentes de la travesía.

VIII

CHISMOGRAFÍAS

Al amanecer el octavo día de navegación, entre las brumas aún no disipadas
del crepúsculo, se divisaba, en la confusa
línea divisoria de las dos inmensidades,
la costa de Alejandría. Dos horas después habíamos llegado á Port-Said, primera escala de nuestra larga expedición y una de las ciudades más cosmo-
politas del mundo.

Pero no me detengo en descripciones
harto conocidas del cultísimo lector —
sin perjuicio de decir alguna cosa en uno
de los capítulos sucesivos,—porque este
espacio corresponde á los apuntes de mi
cartera, tomados en los siete primeros

días que llevé de cautiverio en aquel
barco, convertido en aldea ó casa de ve-
cindad, donde en tan corto tiempo nos
conocíamos todos lo suficiente para que
ya hubiesen surgido rivalidades, simpatías, castos amores, envidias, odios terribles y murmuraciones escandalosas.

Un antiguo amigo mío, que había hecho su viaje á Filipinas por el Cabo, me
aseguraba que no hay nada tan á propósito para agriar los caracteres más dulces como una de esas largas travesías
en que forzosamente ha de ver uno las
mismas caras en todos los actos de la
vida. Al decir de aquel experimentado
amigo, era tan cierto lo que me contaba,
que con frecuencia presenció entre los
viajeros diálogos como éste:

—Buenos días, compañero...

—Ya me está Ud. cargando con sus
buenos días.

—¡Insolente!

—¡Vaya Ud. al cuerno!

—¡Me dará Ud. una explicación!...

Y seguían argumentos contundentes, los padrinos y un duelo concertado, que se convertía en un apretón de manos á la vista del ansiado puerto.

Pues bien; enfrente de las miserias que yo he presenciado después, me explicaba las inverosímiles historias de mi amigo.

Porque de esa obligada familiaridad con que se vive entre gentes de educación tan diversa y de tan opuestos caracteres ha de surgir el choque inevitable. Una criada de servicio recién convertida en señora, y un tosco guardabosque recién agraciado con una credencial, tienen que resultar lo que realmente son, y había varios ejemplares de esta y otras cataduras, que poco á poco fueron deslindando los campos y buscando sus respectivas esferas.

Al tercer día de navegación, cada oveja fuése con su pareja, y las malditas «clases» formaban sus grupos y sus tertulias independientes entre sí, descom-

poniendo aquel amasijo de individuali-
dades que se habían codeado momentos
antes en las mesas del comedor.

Había sus excepciones. El señor de
Formigueira, como buen filósofo, ó cam-
paba por sus respetos, ó se convertía en
coquetona mariposilla que gustaba de
todos los parajes; ora se paraba en el
erial de los formalotes, ora jugueteaba
en el oasis de las mujeres distinguidas.

Pero cuando necesitaba un rato de ex-
pansión hablaba conmigo de literatura
y de artes, por lo mismo que conocía mis
inclinaciones, pues no se curaba don Toribio de sus chifladuras tan fácilmente.

También Pepín era de nuestra cuerda.
Pero su poca edad y su candidez agradable habían convertido á Formigueira en
una especie de preceptor del joven lugareño.

A todas horas encontraba el abogado
una ocasión propicia de poner á Pepín
en antecedentes de lo que al muchacho
no le importaría gran cosa. Pero Pepín

era sufrido, y su carácter apacible soportaba constantemente las erudiciones
de don Toribio, sin oponer jamás el me·
nor signo de aburrimiento.

¿Que pasábamos por la isla de Malta?
Bueno; pues ya teníamos á Formigueira
hablando de los ingleses y de los caballeros hospitalarios.

¿Que nos encontrábamos frente á las
costas tunecinas? Pues á tratar de glorias y ruinas de Cartago.

No hay para qué decir las cosas que
hablaría de Roma y del Vaticano con los
religiosos que nos acompañaban. ¡Aquello era un pozo de ciencia!

Estaba fuerte hasta en materias agrí-
colas. Hubo una ocasión en que se trató
del cultivo de la patata, y Formigueira
se lució en asunto tan importante para
la vida de las naciones.

¿Hablarle á él de arquitrabes, de Ju-
nio Bruto, de Caribdis ó de la Tierra de
Fuego?... ¡Anda, anda! Cualquiera se
atrevía á meterse en discusiones con

don Toribio. Era más releído que un aca-
démico de la Lengua y de la Historia en
una sola pieza.

¿Creen ustedes que estaba flojo en materia poética? Pues se equivocan. Se sabía de corrido muchos trozos de la *Ilia-
da*, la *Epístola á los Pisones,* las *Odas*
de Virgilio y las silvas de Cánovas del
Castillo.

En fin, que don Toribio era una calamidad cuando se empeñaba en entrete-
nernos las siestas con rítmicos y sermones.

Pero Pepín se iba cansando de las plá-
ticas sempiternas de Formigueira, atraí-
do por otras conversaciones más anima-
das y entretenidas, y no tardó en dejar á
su preceptor abismado en sus disquisiciones, para alistarse en la alegre tertulia que había formado el elemento joven
del pasaje y de la dotación.

Porque también los de á bordo, es decir, los de la casa, contribuyeron al fo-
mento de las murmuraciones.

Balarrasa tenía su tertulia especial.
La gente seria y madura formaba ran-
cho aparte, y el coronel entretenía sus
ocios jugando al tresillo y al copérnico,
que es una especie de tute puesto en bo-
ga en algunos salones de Madrid. La
partida de Balarrasa se componía de un
señor que zarandeaba una de esas coje-
ras innobles, antiguo empleado de las
Salinas cuando estaban estancadas, y
que iba al Archipiélago con modestísi-
mo destino en Hacienda. Este funcionario fué precisamente el que luego se
presentó á las autoridades superiores
con pantalón blanco, chaleco aterciope-
lado de color perla y gabán de riguroso
invierno, formando el complemento de
su indumentaria original un pañuelo de
vivos colores, que lucía como corbata, y
un sombrero claro de los llamados *Boulanger* por los innovadores parisienses.
Los otros tercios de la partida eran
dos tipos vulgares: un funcionario de la
carrera judicial, hombre de un humor...

7

herpético que le cubría totalmente la superficie cutánea; el otro, un señor obeso, de buen carácter y dormilón como hay pocos. Se dormía cuando repartía los naipes, y Balarrasa solía despertarle con un papelito liado que á prevención colocaba en la caja de las fichas y que metía en las narices á su paciente camarada. Porque, á pesar de su geniazo, también era bromista el coronel, sobre todo cuando le pintaba el naipe.

En cambio, cuando pasaba tres veces consecutivas, se daba á los demonios; y con cualquier pretexto maldecía y renegaba de su suerte, de los ministros, de su injustificada postergación, y hasta de los insectos que llenaban su anchurosa calvicie de rosáceas constelaciones.

Las señoras se habían hecho todas muy amigas; pero sólo algunas se saludaban y departían con Aurelia, siempre que ésta subía á la toldilla.

Una de las niñas á que me referí al tratar de la composición del pasaje, se había metido en relaciones formales con un alférez de Infantería de marina, joven que resultaba á todos antipático por lo fachendoso. Uno de aquellos días se agarró á bofetadas con un músico que iba empleado y que tocaba el piano y cantaba en falsete á las mil maravillas.

Aquello sería cosa de la chica, no cabe duda. Lo cierto fué que el alférez salió del lance con un ojo amoratado y con unos pocos arañazos en los mofletes.

Todo, por no transigir con las finezas que el músico hacía á la joven de sus amores repentinos.

La tertulia más animada era la de los elegantes. El «alma» de aquella reunión era un oficial del Ejército que presumía de torero y se distinguía por sus variadas colecciones de camisas y corbatas, unas y otras con el fondo blanco y listas de los más vivos colores. Esto, unido á un elegante cinturón con chapa plateada, á un pantalón bien cortado y á unos zapatos de «La Garza Real», daban al joven de que hago mérito el privilegio de tener á diario al pasaje entero en expectación, pues entre los más madrugadores no era raro un diálogo como este:

—¿Qué color tendrá hoy la camisa de Latiguillo?...

—Apuesto por el azul.

—Yo por el encarnado.

Y, con efecto, aparecía nuestro joven con camisa verde botella ó rosa pálido.

Y quedaba la apuesta en pie.

Pero, en fin, vamos con este corro, que reclama su turno. Componíase, á más del joven de las corbatas, de tres oficiales de Artillería recién salidos de la Academia; un chico de Administración militar, hijo, según decían, de un tendero de ultramarinos; un alférez de Navío, algo chupadillo y enclenque, pero muchacho de bastante ingenio; un capitán muy entendido en tauromaquia, y dos ó tres pisaverdes que iban con una credencialita, obra de alguna tía influyente, á pasar unos cuantos años de castigo en Filipinas por imposición de sus respectivos papás, todos, al decir de los hijos, nadando en la opulencia por los Madriles.

Los que iban en tales condiciones hacían el viaje por calaveras, ninguno por necesidad de mejorar situaciones económicas apremiantes.

Sólo el viajero del sombrero *Boulanger* afirmaba que él se hubiera embarcado aunque fuese de zapatero de viejo. Y se comprende.

Pero el hombre era franco, y hombres de este temple son rarísimos ejemplares en la escala antropológica.

Después de todo, ciertas debilidades tienen su razón de ser. Nadie está obligado á dar un cuarto al pregonero para que publique las estrecheces domésticas.

Volviendo á la tertulia del elemento joven, bueno es hacerle justicia. Allí era donde con más crueldad se despellejaba á todo el mundo.

Nadie escapaba sin arañar. Al bueno

de don Toribio le llamaban el Cañete
malogrado; á Pepín se le atacaba por el
flanco vulnerable, riéndose de sus can-
dideces de lugareño; al coronel le conocían por el león de la familia, porque
tenía tres horas de fiebre, durante las
cuales era peligroso llevarle la con-
traria.

Pero, Aurelia, ¡oh!, Aurelia era la favorita adulada en presencia y despeda-
zada en ausencia por las mordeduras ca-
ninas de la envidia.

Y en cuanto á las demás señoras del
montón, no se decía nada, porque su vul-
garidad las hacía pasar inadvertidas.

En cambio la niña de los amores pla-
tónicos del alférez había dado muchos
escándalos. La mamá no quería por yer-
no al del ojo amoratado, y la niña tenía
que contentarse con dedicar miradas fur-
tivas á su tormento; porque si aquella
suegra de caballería notaba las ternezas
de los muchachos, era cosa segura que
la chica, ¡pobre chica!, tenía tres días de

encierro en el camarote, á más de unas
cuantas caricias de la mamá que la po-
nían el cuerpo hecho un concilio de car-
denales.

De los amoríos ó intimidades del doctor con Aurelia se hacían animadísimos
comentarios, pero realmente sin fundamento.

Que entraba el médico en el camarote
de la viajera, es cierto; pero lo prudente
era suponer que aquellas visitas tenían
por objeto la noble misión de prestar los
consoladores auxilios de la ciencia.

En cambio, cuando Aurelia subía á la
toldilla no se acercaba el doctor, y se
contentaba con dedicarla una ligera inclinación de cabeza. Pero esto, para los
maliciosos, era valor entendido; ni él
por su carácter en el barco, ni ella por
su posición, podían cometer indiscreciones que comprometieran el honor de una
señora casada antes de entrar en la sociedad manilense.

Aunque el vapor sólo se detuvo muy

pocas horas en Port-Said, todos bajamos
á visitar la población.

Á mi regreso de ésta encontré á bordo
despejada la incógnita, y *sotto voce* se
oían sobre cubierta diálogos así:

—¿Se ha convencido Ud.?...

—Ahora empiezo á creer que hay algo
de cierto en las sospechas de Gutiérrez.

—Yo los vi cruzar frente al Café Pa-
radiso.

—Y yo entrar en un hotel.

—Irían á almorzar.

—Sí, sí. ¡Buen almuerzo nos dé Dios!...

Después se habló de una sorpresa noc-
turna. Aurelia no subió más á la toldilla,
y cuando llegamos al término de nuestro
viaje, todo se acabó.

Algunos días después fuí al teatro.
Allí estaba Aurelia deslumbrante de
hermosura.

—¿Quién es *ésa?*—me preguntó un
amigo.

—Una *combarcana* mía—contesté.

—Sí; ya sé que ha dado bastante juego — replicó otro de los que formaban el corro, acompañando su reticencia con una diabólica sonrisa.

Ante aquella frase, que mataba el honor de una familia, pensé en ella, en el marido, en todo, y no pude menos de exclamar:

—¡Pobre Aurelia!...

IX

IMPRESIONES DE LA TRAVESÍA

Una solemne promesa, deslizada al correr de la pluma en los comienzos del
anterior capítulo, me obliga á consignar
aquí las impresiones de la travesía; y
ahora, en el confuso desorden de los recuerdos, me sería difícil reconstruir las
imágenes sugeridas en presencia de los
continentes por que pasamos en rapidí-
sima carrera.

Y bien merece, sin embargo, esta pe-
queña digresión lo que constituye una
de las maravillas del presente siglo,
amén de que resultaría deficiente este
libro si dejara de consignar en él mis
ligeros apuntes de viaje.

En la parte más occidental de Alejandría, frente al golfo de Peluse, donde antes de que el conde de Lesseps pensara en unir las aguas del mar Rojo con las del Mediterráneo, el *Mare nostrum* de los romanos, apenas cruzaban el Desierto los árabes de las caravanas sentados sobre las gibas de los camellos, y donde sólo se oía el rumor de los cencerros de los dromedarios y el rugido de los chacales, hállase enclavado Port-Said, el pueblo cosmopolita por excelencia. Aquellas humildes cabañas, construídas por los primeros obreros del Canal para guarecerse de los rigores del clima, hanse convertido en una bellísima colección de *chalets,* obra del moderno gusto oriental, donde el comercio adquiere cada día mayor importancia, contando con una población de más de veinticinco mil habitantes, en su mayoría compuesta de gentes exóticas.

Al pisar aquella tierra, que evoca tantos recuerdos históricos, donde la acti-

vidad, el movimiento, las costumbres, la
urbanización, las razas predominantes,
todo es fiel trasunto de la vieja Europa,
no siente la imaginación el fantástico
sueño de la leyenda egipcia, con sus Ca-
tacumbas, sus templos, sus Pirámides,
sus efigies paganas y sus mitos idóla-
tras. Quien vaya á buscar en el antiguo
imperio de los Faraones aquellos archi-
magos, aquellas sibilas y pitonisas de
que nos hablan las tradiciones, sufre, de
seguro, una desconsoladora decepción:
allí no encontraréis más que una colonia burócrata y una oleada de merodea-
dores griegos, franceses, italianos, ar-
menios, judíos, de todos los países del
orbe; sin contar con los tahures y pros-
titutas, que han convertido á Port-Said
en un inmenso vertedero de la inmundicia europea.

Por todas partes asedian al viajero,
aturdido entre aquella heterogeneidad
de razas que se agitan á su alrededor:
cambistas, cicerones, «ganchos» de ga-

ritos y otros *non sanctos* lugares, bedui-
nos, riffeños y árabes que os invitan á
una expedición á lomos de un mal rocín;
todos conspiran juntos y de acuerdo
contra el bolsillo de la pobre víctima que
cae en las feroces uñas de aquellas gentes abyectas. En los cafés, verdaderos
antros del vicio, hay orquestas donde
unas cuantas jóvenes extranjeras, re-
clutadas *para todo,* lucen sus habilidades
artísticas: al final de cada pieza, una de
las profesoras, bandeja en mano, reco-
rre el local, haciendo, al par que una co-
lecta, la exhibición de su persona por si
os atrae la gruta de Calipso y no os
disgusta la ninfa que os brinda sus encantos. Los aficionados á la ruleta que
estén en desacuerdo con su bolsillo, también encontrarán allí mismo donde perder unas cuantas monedas.

Todo esto, unido á la amabilidad exquisita de los dependientes de bazares
que invitan al transeunte á comprar
chucherías metiéndole, punto menos que

á empellones, en los establecimientos, dan como resultado final un verdadero saqueo, pues nadie escapa con bien de las garras de aquellos adiestrados mercachifles.

Á nuestro regreso de la población, otra falange de enemigos nos esperaba: los barqueros indígenas se disputaban entre sí el honor de conducirnos á bordo, y armaban una batahola del infierno con sus imprecaciones y con sus gritos salvajes. Y cuando ya nos creíamos á salvo de tantas socaliñas, aun nos quedaba el rabo por desollar: los traficantes al por menor, que invaden el buque, convirtiendo la cubierta en feria de cartagineses, se encargaron de guardar las pesetillas trasconejadas en el fondo de nuestros bolsillos. Á fuerza de seducciones y apelmazados ofrecimientos, tuvimos que comprar un gorro turco, vistas del Canal y gafas verdes para resguardar los ojos de las cálidas arenas del Desierto.

¡Qué colosal, qué portentosa la obra

de Lesseps! El «vulgo de los franceses», á quien tan duramente trató Lord
Palmerston en sus juicios acerca del
proyecto del inmortal ingeniero, ha podido vanagloriarse del éxito, lanzando una risotada de burla en compensa-
ción de los desdeñosos pesimismos bri-
tánicos.

Y ahora que la mal llamada utopia de
Lesseps se ha convertido en una realidad que constituye un timbre de gloria
para la nación que secundó la portentosa idea, ofreciendo á su autor los medios
materiales de la ejecución, ahí están los
capitalistas ingleses, tan enemigos de
proyectos como explotadores de realidades, sacando al negocio una renta
exorbitante.

El canal de Suez, que sólo tiene una
extensión de 160 kilómetros, ha reducido
á 3.000 las 5.000 y pico de leguas que se-
paraban á Europa del extremo Oriente,
facilitando así las corrientes del tráfico
y abriendo al comercio universal vastí-

simos horizontes de prosperidad y de riqueza.

La idea de canalizar el Istmo tiene un origen remoto, pues data del tiempo de los Faraones. Obstáculos insuperables en aquella época hicieron fracasar tales propósitos y motivaron el aplazamiento indefinido de las obras. Era necesario el genio de Lesseps, con las supremas intuiciones de la ciencia y los alientos de un coloso, para luchar y vencer, ofreciendo á la generación actual esa portentosa maravilla que parece obra de titanes.

Pueden navegar allí los buques de mayor calado. No hace mucho tiempo, sólo podía cruzarse el Canal desde el amanecer hasta la puesta del sol. Ahora, gracias al invento de Edison, que es otra maravilla moderna, no se interrumpe el paso de las embarcaciones. Sólo en los cruces se detienen los vapores muy cortos instantes, precaución que obedece á la estrechez de la vía fluvial, que sólo

8

tiene 40 metros escasos de latitud, por lo que es necesario moderar la marcha y sujetar el rumbo al centro de las valizas, que marcan el verdadero cauce navegable. Así se evitan las frecuentes varadas sobre las arenas que amontonan en ambas orillas el simoun y el flujo y reflujo de las mareas.

La facilidad de las navegaciones nocturnas por el Canal ha aumentado considerablemente los rendimientos á la empresa, evitando á los buques largas detenciones que ocasionaban al tráfico inmensos perjuicios.

Abundan en el corto trayecto que media entre Port-Said y Suez las lagunas y los grandes lagos. En el de Timsah, en cuyas márgenes se asienta la hermosa población de Ismailia, seis ó siete vapores ofrecían un aspecto fantástico con sus focos de luz eléctrica, que arrancaban á la superficie líquida irisadas chispas de brillantes.

Al llegar á los «Grandes Lagos Amar-

gos» se establece un verdadero pugilato
entre los vapores que navegan con idén-
tico rumbo. Los buques de poca marcha
pierden su turno de entrada en la otra
embocadura del Canal si son alcanzados
por los que antes les precedían. Á estas
regatas suelen atribuir gran importancia los marinos, pues supone á los buques rezagados la contingencia de una
parada indefinida si ocurriese algún accidente á uno de los barcos que consiguen
tomar la delantera.

Pasó el *Santo Domingo* por Suez en
las primeras horas de la madrugada, y
la mayor parte de los viajeros no pudimos darnos cuenta de que el vapor se
hallaba anclado en la bahía.

Los correos de la Transatlántica fon-
dean, por lo general, á larga distancia
de este puerto, en el que sólo se detienen el tiempo indispensable para hacer
alguna provisión de víveres y dejar y
recoger correspondencia.

No pudimos visitar el pueblo en cuyos

desiertos alrededores acamparon los israelitas para recibir el maná. Allí fué donde Moisés, con su varita mágica, hizo brotar de las rocas los manantiales que apagaron la ardiente sed de los 600.000 hebreos que componían su séquito; allí envió Nuestro Señor las diez plagas famosas en justo castigo á la ceguedad de los Faraones, y allí fué donde el sublime autor del Pentateuco, extendiendo sus manos sobre las aguas, obró el bíblico milagro de que éstas abrieran paso á las huestes hebreas hasta llegar á la orilla opuesta, dejando en pos de sí al ejército de Faraón, á éste y á «su caballo», sepultados todos ellos bajo la amarga linfa del mar Rojo.

¡Habíamos entrado en el mar que besa las orillas de la tierra prometida, donde alboreó la esplendente aurora del Cristianismo! Muy cerca se divisaba la cumbre del Sinaí, con su majestuosa elevación; allí se proclamó la más sabia Ley moral de los cristianos, contenida en los

eternos é inmutables preceptos del De-
cálogo.

Los cinco días de navegación por el
mar Rojo se pasan con verdadera monotonía. Sobre sus tranquilas aguas, des-
lízanse los barcos como por inmenso
estanque circuido por las costas de la
Arabia y de Abisinia. Constantemente
puede el viajero contemplar aquellos
casi despoblados territorios, donde tienen su guarida los animales feroces.

Es espectáculo digno de admirarse el
paso por el Estrecho de Bab-el-Mandeb,
que es al mar Rojo y al Océano Índico lo
que el Estrecho de Gibraltar al Mediterráneo y al Océano Atlántico. Á simple
vista se distinguen los objetos en esas
dos partes del globo, casi enlazadas por
dos extensas lenguas de roca viva.

Nótase en este trayecto el excesivo calor que determinan lógicamente la falta
de brisas y la proximidad de los trópicos.
Las calmas constantes hacen casi imposible la navegación en buques de vela.

La bahía de Aden tiene muchos puntos
de semejanza con nuestro puerto de Sú-
bic, en la provincia de Zambales: afecta
la forma de una extensa concha circunscrita por gigantescas y abruptas monta-
ñas exentas de vegetación, circunstan-
cia que no reza con nuestras costas filipinas, tan pintorescas, tan alegres, tan
exuberantes.

Inglaterra tiene en el bien artillado
puerto de Aden la llave del mar Rojo y
una plaza fuerte de primer orden.

Antes de fondear el *Santo Domingo*
vióse su cubierta invadida de mercade-
res indígenas. Usan éstos el dulimán lis-
tado y el turbante sobre el rasurado oc-
cipucio.

El aspecto de esta población contrista
el ánimo por la aridez que campea en
los montes que la circundan. No se divisa en aquellos promontorios de roca
virgen ni un arbusto ni una planta. La
tierra, caldeada por los ardientes rayos
del sol que luce en aquel cielo diáfano,

eternamente sin nubes, levanta una atmósfera de fuego. No en vano ha dicho
un viajero ilustre que la montaña que
circunda la población es la boca del
Averno, y que en este puerto se ha inspirado el Dante al describir, como si en
él se hallara, su terrible *Infierno*.

El comercio de Aden está en manos
de las razas inmigrantes: hay allí gran
número de europeos, persas y rabinos.
Los naturales están avezados al pillaje,
al saqueo y á toda clase de piraterías.
Las fondas, cervecerías y bazares se
distinguen por la exorbitancia de los
precios; tomar un refresco ó almorzar
allí, donde ni se bebe ni se come cosa
de provecho, es conspirar contra el estómago, y sobre todo contra los propios
recursos pecuniarios.

Prescindiendo de la barriada donde
reside la colonia inglesa, el resto de la
población, habitado por los indígenas,
ofrece un aspecto verdaderamente as-
queroso: albergues inmundos, bajos,

mezquinos, donde aquellas gentes trafican con los comistrajos que les sirven
de alimento; montones de inmundicia
por todas partes, dan á la atmósfera una
densidad irrespirable, mefítica, mortal;
dijérase que los colonizadores de la po-
derosa Albión se han propuesto el ex-
terminio de aquella raza, embrutecién-
dola en los vicios, lanzándola á un mu-
ladar y excitándola á toda clase de abominaciones.

Ofrécense, como nueva maravilla que
admirar, las *Cisternas* á que los naturales dan el nombre de «Pozos de Moisés».

Cuenta la tradición que los portugueses, no pudiendo aplacar la sed en aquella colonia, donde pasaban fácilmente
ocho años sin llover, idearon la construcción de aljibes, de una capacidad
asombrosa, para reconcentrar en ellos
todas las aguas que las lluvias vertiesen
en las laderas. Realmente es digno de
admiración el esfuerzo que tal empresa
significa, y sin el cual sería imposible

vivir en aquel territorio yermo, donde
la Pròvidencia parece haber negado al
hombre lo que constituye una de sus
primeras y más imprescindibles necesidades.

En las paredes de aquellos enormes
receptáculos vense muchos autógrafos
de viajeros, entre los cuales abundan los
españoles. Sería curioso reunir aquellas
frases escritas sobre la dura roca acan-
tilada, que han señalado con caracteres imperecederos las huellas del pensamiento universal y el paso de muchas
generaciones.

Después de esto, poco queda que admirar en Aden, como no sea el sistema
de fortificación y la seriedad de los *poli-
cemen* indígenas, que hablan perfectamente el inglés y tienen á aquellas gentes salvajes metidas en el puño.

El paso de Aden á Ceylán es el más
largo de la travesía. Crúzase todo el
golfo de Omán, y los barcos españoles
invierten ocho ó nueve singladuras en

el viaje, que, por lo que hace á las impresiones de á bordo, no ofreció accidente alguno digno de particular mención.

El *spleen* se apoderaba de los espíritus más animosos; la eterna monotonía del cielo azul y de la mar tranquila aumentaba el aburrimiento, á pesar de la gárrula chismografía á que se entregaron los viajeros, y de las travesuras del joven de las camisas, que inventaba á porrillo los medios de distracción: juegos de prendas, música, bailes, comedias; á todo se rendía fervoroso culto.

La tablilla que marca diariamente la situación del barco nos anunció la próxima llegada á Colombo. Desde las primeras horas de la madrugada, los viajeros que, huyendo del calor de las cámaras, dormíamos sobre cubierta, arrellanados en cómodas mecedoras, pudimos divisar el faro que luce en la escollera del puerto.

¡Qué hermoso amanecer el de aquel día! El sol, que parecía salir de un baño, allá en los confines del horizonte, disipaba los vapores de la atmósfera, dejando admirar la pintoresca isla de Ceylán á través de esa leve gasa que teje la claridad lechosa de la alborada.

Llegar á Colombo desde Aden nos produjo la misma impresión que se siente al ver la hermosa campiña valenciana después de las áridas llanuras manchegas.

Hé aquí uno de los párrafos que el señor Prast escribió en su libro de viajes acerca de Ceylán, bañando, como siempre, su bien cortada pluma de los más brillantes colores:

«Las olas chocan y se rompen contra »un peñón cubierto de verde, esmeralda »no labrada, que, á medida que el vapor »se acerca á ella, se transforma á nues- »tros ojos en un inmenso y tupido bos- »que de cocoteros, de palmeras, de plá- »tanos, de verdadera orgía de vegeta- »ción, en la que árboles, arbustos y plan- »tas, parece quieren disputar su terreno

»al mar. Apenas anclados, recibimos la
»obligada visita de un sinnúmero de la-
»vanderos, joyeros, vendedores de ca-
»chemir, de bordados, de objetos de con-
»cha, de marfil; sobre la turbamulta des-
»taca, como acabado tipo del judío bíbli-
»co, el cambiante de monedas: su figura,
»su traje, sus modales, todo indica en
»ellos su origen. De estatura regular,
»secos, enjutos, estrechos, raquíticos, de
»color de limón pocho, la nariz abulta-
»da, larga, cayendo casi sobre la boca;
»ésta ancha, sus labios finos, sus dientes
»amarillos, la cabeza de la forma del
»coco, puntiaguda cual bala de cañón
»Armstrong, afeitada, suspendiendo so-
»bre sus orejas — que parecen puntos de
»exclamación—dos rizos ó mechas, aná-
»logos á los tirabuzones de nuestras da-
»mas; cubiertos con una túnica de tejido
»de seda y algodón á listas de colores,
»que las manchas, el sudor y el tiempo
»convirtieron de brillantes en más que
»confusos; los pies sucios, las piernas

»como un palo, descalzos en su mayor
»parte, algunos calzados, quién con bo-
»tas que fueron de elástico, quién con
»babuchas, con más remiendos, más
»lamparones y menos pelo que la legen-
»daria capa de *don César de Bazán*, de
»Víctor Hugo; hablando un español es-
»tropeado de principios del siglo xvii;
»pagando con una sonrisa hipócrita, ser-
»vil, los empujones, los puntapiés de los
»marineros, á quienes en sus maniobras
»estorban: tal es el fiel retrato de estos
»hijos de Israel, que esperan en pleno
»mar de las Indias la llegada del Mesías.»

No sin razón se denomina Colombo la
«Perla del Asia». Difícilmente se encuentra en los dominios ingleses otra
ciudad más bella ni otra campiña más
exuberante. Tienen á esta colonia en
mucha estima sus actuales poseedores.
Esta isla, que es un pequeño territorio
desprendido del extremo Sur de la Península Indostana, se halla regida por
un Gobernador que cobra 7.000 libras

esterlinas de sueldo anual. Adornan la
ciudad soberbias construcciones, donde
preside el mejor gusto arquitectónico;
posee notables museos, monumentos históricos y hermosos templos consagrados
á diferentes cultos. El puerto es de primer orden por su importancia comercial, y es muy lucrativo el tráfico de la
riqueza perlífera, cuyos criaderos abundan en el fondo de aquellas playas que
besan el bosque de canelos, palmeras,
cocoteros y plátanos que parecen fecun-
dados por las amargas linfas del Océano.

Puede afirmarse que los verdaderos
aborígenes del país se pierden entre
aquella promiscuidad de razas que han
poblado la isla desde la época de la co-
lonización portuguesa. Los europeos,
mestizos, malabares, chinos, africanos,
musulmanes y sinnúmero de razas ab-
sorbentes tienen el monopolio de las
grandes y pequeñas transacciones mercantiles.

El ferrocarril atraviesa todo el terri-

torio de la isla. La flora en aquellos bos-
ques vírgenes cuenta por millares las
especies ignoradas por la ciencia. Los
tósigos, las serpientes de cascabel y los
insectos venenosos hacen peligrosas las
exploraciones: así se explica que los na·
turalistas ingleses tengan aquella flora
casi totalmente desconocida.

Como punto de tránsito para los viajeros que se dirigen á las posesiones europeas del extremo Oriente, el puerto de
Colombo se halla frecuentado por gran
número de vapores que dejan al comercio de la población considerables rendimientos.

El *Santo Domingo,* anclado en el centro de aquel ancho y bien resguardado
puerto, se disponía á salir con dirección
á la última escala de nuestro largo viaje.

Ya desde la bahía, cuando el sol ilumi-
naba el paisaje con los tenues resplan-
dores del crepúsculo, ese incendio de
los átomos, pudimos admirar de nuevo
aquella población, que parecía una her-

mosa perla incrustada sobre una esmeralda colosal. Y allá, en aquella playa sembrada de codiciados tesoros, donde las olas iban á morir, rompiéndose en encajes de nítida blancura sobre el blando lecho de las arenas, fijé una mirada sombría, mezcla de admiración y de tristeza, exclamando: «¡Hasta la vista!... ¡Volveré á hollar tu hermoso suelo, donde la Naturaleza puso el verdadero Paraíso!»...

Las negras sombras de la noche se cernían sobre la superficie de las revueltas aguas. El vapor, con su vertiginosa carrera, hacía más soberbio el oleaje, levantando montes de rugiente espuma que trepaban hasta lo alto del castillo de proa. Una hora después no se divisaba un solo punto de luz en aquel espacio, cubierto de oscuros nubarrones. La Naturaleza, en el letargo de una terrible pesadilla, sólo se adivinaba en el sordo rugido de los mares.

Afortunadamente, la travesía se hizo

sin accidentes ni sobresaltos. Aquello
fué una borrasca pasajera que por unas
cuantas horas evitó la monotonía del
viaje.

¡Bonita entrada la de Singapore! Hállanse sus dos puertos entre islotes cubiertos de vegetación, que forman una
serie de pintorescas ensenadas y peque-
ños canales.

La isla de Singapore, que con Pinang
y Malacca constituye la colonia inglesa
denominada «Establecimientos de los
Estrechos», es bastante reducida. Situada en la desembocadura del Estrecho de
Malacca, puede decirse que Inglaterra
tiene en esta posesión otra *llave* impor-
tantísima: la del mar de la China. ¡Di-
chosa la nación que ha sabido extender
su imperio colonial hasta convertirse en
árbitro del mundo! Inglaterra es la *lla-
vera* universal: cierra el paso á las demás naciones desde el Bósforo de Tracia
hasta el Estrecho de Gibraltar; tiene la
llave del mar Rojo, y puede cortar la

9

navegación por el Estrecho de Malacca,
viniendo á recoger en sus garras de
leopardo el fruto que conquistaron los
exploradores portugueses en los vastos
territorios de la India.

La capital de Singapore está cortada
por el mismo patrón de las demás poblaciones orientales. El *boulevard* que ocu-
pan los europeos se halla separado de
los barrios en que residen las razas de
color. Si en el primero se observa alguna urbanización y un poco de limpieza,
en los segundos, poblados por *celestes* é
indígenas, el abandono más proverbial
tiene su asiento. Es punto menos que
imposible recorrer aquellas inmundas
calles sin grave riesgo de la salud. Cada
vivienda es un foco de infección, y en
todas partes se aspira una atmósfera
enrarecida y putrefacta. Así se explica
que las epidemias, muy frecuentes en
estos países, causen tan grandes estragos y eleven la mortalidad á cifras verdaderamente fabulosas.

Llama la atención del viajero uno de los sistemas de locomoción usado en Singapore. El chino, que es un verdadero burro de carga allí donde establece sus reales, suple á las caballerías tirando de unos vehículos ligeros que prestan igual servicio que los *simones* de Madrid, á los que, en punto á velocidad, no les va en zaga el trote cochinero de los coletudos hijos de Confucio. ¡Qué le importa á esa raza abyecta llegar al último término de la degradación humana! El chino se convierte en bestia, como pudiera convertirse en cualquier otra cosa peor aún, si es posible, á cambio de la mísera moneda, que guarda como el avaro más empedernido.

Y no es que en esta capital se carezca de otros elementos locomóviles. Singapore tiene tranvías de vapor y abundancia de coches de alquiler.

La importancia comercial de esta población eleva sus transacciones anuales á 300 millones de pesetas.

Hállanse los bazares muy bien surtidos de caprichos de bisutería y productos de la industria japonesa. Los viajeros que regresan á Europa suelen encontrar allí notables ventajas en calidad y precio, con relación á los de las tiendas de malabares que existen en Manila, donde la importación está gravada con an fuertes derechos de Aduanas, que muchas veces superan al valor intrínseco de las mercancías.

Las construcciones de Singapore ofrecen poca novedad. El palacio que ocupa el Gobernador superior de la isla da norma á los edificios colaterales. Baste saber al lector cómo ha sido calificado el tal palacio por un viajero chusco que dijo—y con mucha propiedad—que «más parece un ramillete de repostería que la mansión oficial de un Gobernador general».

Faltábame tiempo para ver los templos budistas y las pagodas brahmánicas, que abundan en Singapore.

No me pesa el omitir su descripción, ni de seguro ha de pesar gran cosa á los lectores. Bástanos suponer que tales edificios serán unos solemnes adefesios, comparados—y que no resulte odiosa la comparación—con la imponente majestuosidad de nuestros templos católicos.

Y ahora un corto paréntesis hasta que, á la vista de nuestra costa filipina, podamos regocijar nuestro espíritu exclamando:

—¡Tierra!... ¡Tierra!....

X

Cuando se encontraba el buque á la vista del ansiado puerto, el pasaje no paraba atención en cosa que no se refiriese á sus preparativos de desembarco. Entonces se dió de mano á la chismografía y se olvidaron hasta las más graves ofensas.

El alférez de los arañazos, que parecía el más dispuesto á reparar el ultraje recibido, ni siquiera se percató de que aun conservaba en el afeminado rostro vestigios de las uñas afiladas del travieso violinista.

¿Que cómo quedaron los amoríos de Aurelia y el doctor?

Seamos un poco discretos, pues no conviene hablar de la soga en casa del ahorcado. El marido de la simpática viajera no tardó en ir á bordo para caer en los brazos de su cara mitad: y ¿á qué amargar la dicha de un hombre honrado que fía en la virtud de su mujer? Dejémosle vivir en la ignorancia, que fué siempre un sinónimo de felicidad. Y en cuanto á Aurelia, ¡quién sabe!, acaso olvide su pecado y morigere sus costumbres. Y si no puede olvidar, que es la gran ciencia del vivir, bastará el aguijón de los recuerdos para vengar el deshonor del marido. Aurelia guardará el secreto mientras viva, y protestará de su inocencia cuantas veces se le pidan cuentas de su fidelidad, pues es cosa rayana en lo imposible que una mujer confiese lealmente sus delitos.

Suponiendo conforme al interesado, á nadie más le importa esta aventurilla pasajera. No he de ser yo quien la saque á la vergüenza pública, porque me da miedo la difamación y soy enemigo del escándalo.

No faltarán cuatro serviles que de la pobre señora se hagan lenguas en la culta capital del Archipiélago, donde todo se averigua á las veinticuatro horas.

¡En buena parte vino á caer la noticia para que no se supiera!...

Por lo demás, ocasiones tendremos á porrillo para entregarnos á la murmuración. El camino es largo todavía. Y no hay que olvidar que quien hace un cesto hace ciento, si le dan mimbres y tiempo.

Y como en Filipinas lo que sobra son mimbres y tiempo para todo, es natural que doña Aurelia no ha de permanecer ociosa, teniendo tal afición á la entretenida tarea de los cestos.

Hablemos un poco de Pepín, que se queja—y con sobrada razón—de que le tengo en olvido. Allí, en una butaca de bejuco, estaba el joven lugareño en amigable diálogo con don Toribio, que seguía imperturbable y consecuente en su paternal afecto hacia Pepín, á quien no había dejado ni á sol ni á sombra durante los treinta y cuatro días de navegación.

Hé aquí lo que decían tan buenos amigos en las postrimerías del viaje:

—Querido Formigueira, es usted la única persona sensata que he encontrado desde que salí de mi pueblo: yo no sabía que el mundo era tan perverso; los chismes y las habladurías de esta gente soez ya me repugnan. ¡Qué cordialmente nos hemos despedazado!, ¿eh?...

—Pepín, es usted una criatura. La franqueza es á veces muy perjudicial: diga usted siempre lo contrario de lo que piense, y ríase del mundo.

—¿Lo dice usted por ese botarate?...

—Lo digo por todos: para vivir en paz con ciertas gentes se necesita un tira y afloja que usted no ha podido aprender en Villarrubia: allí se conserva todavía algo de pudor; fuera de allí no encontra-

rá usted más que hipocresía, mucha hipocresía...

—Es que no puedo contenerme: cuando me repugna una persona, necesito
muy poco para escupirle en la cara; no
soporto la calumnia, y algunos se han
impuesto la tarea de convencer á los demás de que esa pobre señora es... ¿Usted cree?...

—Yo no creo nada, ni dejo de creerlo
todo. Lo que á usted le conviene es no
meterse á redentor.

—Bien; pero ¿y cuando á uno le tocan
á lo vivo?

—Entonces...

—Por poco me agarro á bofetadas con
ese demonio de Latiguillo. ¡Mire usted
que sacarme á colación en coplitas pica-
rescas!... ¡Si aquella noche de la varada
en el Canal corrí ó no corrí en busca de
salvavidas! Eso es ponerme en ridículo.
¿No le parece á usted?...

—Vaya, no acordarse de semejante
tontería. Hablemos de otra cosa. ¿Tiene

usted decidido el punto de parada en Manila?

—Hombre, no. Iremos donde usted guste.

—Perfectamente: yo me informaré de una fonda baratita, ¿eh? Porque es preciso hacer economías, joven incauto.

—Aquí traigo una carta de recomendación; puede que nos sirva de algo.

—¿Para quién es?...

—Pues, verá usted: «Don Rufino Chanchullo».

—No conozco á ese caballero.

—¡Ah, no es extraño! Chanchullo lleva muchos años de país. El señor López de Olivares, mi protector, le obsequió con un gran destino en Aduanas después de unas elecciones. Además, ese don Rufino es un buen amigo de mi padre, según me dijo al entregarme la carta.

—Pues será ya rico, de seguro... ¡Las Aduanas en Ultramar dan mucho de sí!...

—No sé si el señor de Chanchullo esta-

rá rico, ni me importa saberlo: no pienso
pedirle nada.

—Bien; pero siempre es un recurso
contar con una persona de esa clase.

—¡Don Toribio!... ¡Don Toribio!... Debemos de estar muy cerca de Manila.

—Hombre, sí: ésa debe de ser la isla
del Corregidor.

—¡Al fin llegamos! ¡Qué felicidad!...

—También abunda la vegetación en
este país. ¡Qué hermosa bahía! Su extensión abarca cinco provincias del Archipiélago. Ese monte es el de Marive-
les, donde está el lazareto. Toda esa
parte de la costa es la provincia de Ba-
táan. Más allá la Pampanga; frente á la
proa, allá en el fondo del paisaje, estará
Manila, y aquí, á la derecha, la provincia de Cavite.

—¡Qué perspectiva tan pintoresca!...

—¡Ah! ¡esto es hermoso! Dentro de media hora veremos la capital con ayuda
de los gemelos.

—Amigo Formigueira, es usted una

gran persona. ¡Cualquiera que le oiga
dirá que conoce usted el Archipiélago
palmo á palmo!

—No tanto, querido. Sé lo que saben
todos; un poco de cada cosa, y nada más.

—Conque... viviremos juntos, ¿eh?...

—¡Qué duda cabe! Ahora lo que hace
falta es...

—¿Qué?...

—Que aprenda usted á vivir.

—Con tan buen preceptor, se necesita
mucha torpeza para no graduarse de
doctor en mundología.

—¡Ah! Sobre todo, juicio con el dinero.
Aquí es preciso aprovechar el tiempo.
Una cesantía prematura sin ahorros sería horrible: hay que pensar en el mañana.

—Usted bien puede; pero yo...

—Y usted también: con no salirse de
su esfera, punto concluído.

—Allá veremos, don Toribio. Buenos
propósitos no me faltan.

Una hora después divisábase á simple

vista la gran ciudad de Legazpi, desta-
cándose sobre las murallas que circundan la población antigua la torre del Ob-
servatorio astronómico y la cúpula de la
hermosa catedral.

Un vaporcito de la Compañía Transatlántica condujo á tierra á los pasajeros,
atracando á un *pantalán* situado en la
margen izquierda del Pásig, junto á la
Capitanía del puerto.

Pepín y Formigueira decidieron hos-
pedarse en el hotel de Oriente. Desde el
muelle á la fonda atraviésanse algunas
calles del populoso arrabal de Tondo,
donde la falta de ornato y de limpieza y
la viciada atmósfera que se respira hacen comprender que aquellas viviendas,
en su mayoría sucias y destartaladas,
son madrigueras de indígenas pobres y
tugurios de chinos desarrapados y ab-
yectos.

Durante algunas horas del día, desde
las ventanas del hotel, hermoso y nuevo
edificio asentado frente á la plazuela de

Binondo, vese un hormiguero humano en constante agitación. El espectáculo de tantos carruajes y carretones de carga entre aquella muchedumbre heterogénea que transita ó se agrupa en torno de los tenduchos portátiles en que los hijos del Celeste Imperio trafican con sus comistrajos y baratijas; aquella amalgama de gentes, unas casi al desnudo, otras con esa orgía de colores llamativos que forma la especial indumentaria femenina del país; aquel sordo rumor que levanta el griterío de la multitud, todo aquello que fermenta en oleadas confusas, llena el ambiente de vapores acres que marean y asfixian.

El aspecto interior de la fonda, con sus anchos y extensos corredores adornados de macetas, con sus habitaciones espaciosas y bien ventiladas, no corresponde al trato que los viajeros reciben á cambio de los exorbitantes precios de hospedaje. La servidumbre indígena, compuesta en su mayor parte de jóvenes holgazanes y pervertidos, no responde á las necesidades y á las exigencias del público. El indígena es, por lo general, abandonado, torpe, indolente, y carece de la noción del deber; su desconocimiento del idioma castellano, su idiosincrasia especial, y muchas veces su falta de vocación para las faenas á que se le destina, dan como resultado seguro un servicio detestable.

Generalmente, en las fondas de Manila necesita el huésped un criado particular, si quiere estar medianamente atendido. Á pesar de tal abundancia de elementos, nótase una gran falta de oportunidad y esmero en la asistencia: un camarero europeo bastará para servir á ocho personas; ocho camareros indígenas son muy pocos para servir á un europeo. Y ¿cómo no ha de suceder esto en Filipinas, donde se pide al criado un vaso de agua y le sirven á uno un par de huevos fritos?

Estos inconvenientes, que no son po-

10

cos, y los mal condimentados alimentos
que se sirven en casi todas las fondas de
Manila, dan al traste con la paciencia de
los más sufridos y destruyen los estó-
magos más fuertes.

Así debió de comprenderlo don Toribio, que no andaba, por lo general, en
desacuerdo con sus intereses, y sobre
todo con su salud. Desde los primeros
días se impuso la misión de convencer á
Pepín de que la comida de fonda, á más
de excesivamente cara y poco nutriti-
va, resultaba por todo extremo inadmi-
sible.

Una mañana, estando de palique con
otro huésped que se lamentaba de lo
mismo, decía Formigueira:

—¡Esto es infernal! Yo no aguanto
aquí más que hasta el día 30.

—¡Pues no sabe usted lo más gracio-
so!—repuso el interlocutor.

—¿Qué?...

—Pues casi nada: que anoche robaron
al huésped de ese cuarto los pocos aho-

rros que el infeliz había reunido después
de cinco años...

—¿Y no se ha dado aún con el ladrón?

—¡Quiá, hombre! Ni se dará: vaya usted á meterse en averiguaciones con
estas gentes, aquí donde hay un regi-
miento de *batas* (*), cada uno hijo de su
madre; se sacaría lo que el negro del
sermón...

—Pues lo que es á mí, le aseguro á usted que no me roban.

—No cante usted victoria todavía, que
los ladrones están dentro de casa.

Pepín, que llegaba en aquel momento,
intervino en la conversación, diciendo:

—Amigo, vengo de la cocina, y por
poco cambio la peseta como el día que,
en mala hora, me embarqué.

—¿Pues y eso?

—Que no he visto en mi vida mayor
número de moscas juntas. Allí están los
batas comiendo con las manos las so-

_____

(*) Llámase así á los criados jóvenes.

bras del almuerzo y grandes fuentes de morisqueta. ¿Quiere usted convencerse de que aquello es una porquería?... Venga usted conmigo...

—No, muchas gracias; es bastante lo que usted acaba de decir.

—Pues oiga usted lo mejor: ¿sabe usted cómo se matan las gallinas en este país?

—Supongo que se matarán como en todas partes: cortándoles el pescuezo.

—No, señor; el cocinero del hotel, que viste como nuestros primeros padres en el Paraíso, mete á los animales, en vivo, dentro de un barreño de agua hirviendo: así, al par que las mata, facilita y abrevia el medio de desplumarlas á su gusto. Crea usted que se necesita mucha sangre fría para ver con calma esa operación inquisitorial...

—¡Jesús qué horror! Calle usted, Pepín, que se me erizan los pelos y se me pone la carne de gallina.

Y el huésped que antes departía con don Toribio interpuso:

—De poco se asusta usted, buen amigo: ¿qué dirían ustedes si vieran colar el café en un calcetín?...

—¡Cochinos!—gritó Formigueira levantándose.

Y luego añadió:

—Pepín, yo no aguanto más. Entre *ratas,* murciélagos, arañas, lagartijas, *cucas,* moscas, mosquitos y otras calamidades, es imposible vivir. Además, ya sabrá usted que anoche desvalijaron á ese pobre señor del 27...

—Sí, ya me lo han dicho. Pero no me preocupa la noticia: los *ratas* se llevarían conmigo un solemne chasco. ¡Como no me roben el baúl!... Y lo que es con eso, ¡valiente negocio podían hacer!...

—De todos modos, es un mal síntoma, y no hay que fiarse de los malhechores. El que se atreve á robar, va dispuesto á toda clase de crímenes, y, como dice el adagio, «evita la ocasión y evitarás el peligro».

Pepín, dirigiéndose al huésped que

había departido con Formigueira, le preguntó:

—¿Usted sabe si hay ahora alguna epi-
demia en el país?

Y el interrogado contestó:

—No tengo noticia de semejante cosa.
¿Por qué lo decía usted?... .

—Porque he notado en casi todos los
huéspedes de esta casa un olor penetrante, así como de ácido fénico.

—¡Ah!... No le sorprenda á usted: aquí,
donde los mosquitos no nos dejan en paz,
es cosa probada el jabón fenicado para
estar libre de insectos.

Y Formigueira, como quien recibe
una agradable noticia, dijo:

—¡Oh amigo mío, cuánto le agradez-
co la receta! Desde hoy usaré el ácido
fénico, aunque transcienda á sala de hos-
pital: hace unas cuantas noches que no
paro en la cama: no puedo acostumbrar-
me á dormir con mosquitero, y esos pícaros músicos de alcoba se han despa-
chado á su gusto.

—Supongo que dormirán ustedes con calcetines — preguntó aquel hombre que no daba reposo á las uñas con su dichoso sarpullido.

—¡Ah! ¡yo no!— contestaron á dúo Pepín y don Toribio.

—Pues mucho cuidadito con las *cucas*, y sobre todo con los enfriamientos.

—Con no alterar nuestros hábitos estamos fuera de peligro. En España no se observan tales precauciones ni aun en lo más riguroso del invierno.

—Pero este clima es muy distinto: aquí se pesca una disentería con la mayor naturalidad.

—Vaya, usted se ha propuesto embromarnos, ¿eh?...

—Nada de broma; estoy hablando en serio, y para ello invoco mi experiencia de siete años en Filipinas.

A don Toribio, que era de suyo bastante caviloso, bastóle aquella confidencia para tomarle al país un miedo cerval. Desde entonces usó faja de franela

y dormía con calcetines, venciendo su
natural repugnancia á introducir la más
ligera alteración en sus costumbres patriarcales.

No así Pepín, que tomaba á risa cuantos consejos le habían dado sus compañeros de oficina, unos de buena fe, otros
por el gustazo de chancearse: era tan
candorosa la sencillez del muchacho, que
todos se habían permitido con él libertades intolerables.

Cuando Formigueira y Pepín se reti-
raron á su habitación, dijo aquél con la
mayor pesadumbre:

—¡Ya ve usted dónde nos hemos metido! Aquí es preciso defenderse; todo
conspira en contra nuestra.

—Sí, hay que decidirse por algo. Usted verá lo que hacemos. Estoy, como
siempre, á sus órdenes.

—Pues, ante todo, salir de esta leo-
nera.

—Pero ¿adónde vamos, don Toribio?

—Á vivir en república.

—¿En república, un hombre tan monárquico?

—Está usted de broma: se trata de una república doméstica, donde todos mandaremos por igual: tendremos este programa: «Libertad, igualdad y fraternidad.»

—¿Y la instalación?... Y el mobiliario, ¿quién lo compra?... Piense usted que estamos á la cuarta pregunta: no hemos cobrado ni siquiera los haberes de navegación...

—No importa; el chino So-Penco nos fiará cuanto necesitemos, con un simple *vale*.

—Entonces, adelante con los faroles: desde ahora me declaro republicano, aunque los conservadores me limpien el comedero.

—Basta; no hay más que hablar; todo corre de mi cuenta. Á medias los gastos, ¿eh?...

—¡Es natural, hombre! ¡Qué preguntas me hace usted!...

Don Toribio dió en aquellos días brillantes muestras de actividad. Corrió la Ceca y la Meca en busca de un entresuelo.

Y lo encontró bueno, bonito, y sobre todo barato.

Ya lo veremos otro día con algún detenimiento.

XI

QUIÉN ERA EL SEÑOR CHANCHULLO

¡Qué buenas trazas se había dado Formigueira para instalarse en su entresuelo de la calle de Santa Potenciana!
Allí no faltaba pieza útil: lo estricta-
mente necesario; nada de cosas super-
fluas. Reducíase el menaje á los objetos
de más inmediata aplicación: dijérase,
al ver á don Toribio alhajando aquel
modesto albergue de la amistad, que toda su vida había sido lo que comúnmen-
te se llama un «hombre mañoso».

El cuartito no dejaba nada que desear
á los más exigentes: un comedor, pequeño, pero muy limpio; dos alcobas con
ventanas á la calle; un gabinete, que

les servía de despacho, y local para dos caballos en la cuadra.

Todo iba resultando á pedir de boca. El chino mueblista no había sido muy pedigüeño; pagarían á plazos mensuales, dando al contado una suma equivalente á la cuarta parte del total de la cuenta, que no excedía de doscientos cincuenta pesos.

Pepín, que no se ingería en los manejos de don Toribio, todo lo encontraba á maravilla. Aquel hombre era su providencia. En un dos por tres se había convertido en usufructuario de una casita, si no confortable, al menos aseada. Allí podría vivir con más independencia y acaso con mayor economia. ¡Para esto, era intransigente su amigo Formigueira!... Buen gallego, calculador, metódico y un tantico tacaño. ¡Excelentes condiciones para no descarriarse! El muchacho sentía por su amigo algo del respeto y la confianza paternal; y le escuchaba como á un oráculo. ¡Era tan cono-

cedor del mundo!... ¡Le había dado tan
buenos consejos!...

Eso pensaba Pepín al ver á su amigo
sudando la gota gorda entre los chinos
que So-Penco había enviado para la instalación del mobiliàrio. Formigueira no
paraba un instante. Pepín, desde su
cuarto, le oía gritar con frecuencia:—
«¡Ese espejo, aquí!... ¡Á ver el apara-
dor si se estropea!... ¡Mucho cuidadito!,
¿eh?... ¡Animal, empuja de ese lado, que
se rompe la moldura!...»

Don Toribio, orgulloso del resultado
de sus gestiones, no ocultaba su alegría.
Por fin había salido de la fonda.—«¡Ah!—
pensaba;— ¡si continúo allí, me muero!»—
Y acercándose á la alcoba de Pepín, que
ya estaba equipadita con su cama de na-
rra, la mecedora, el armario, el tocador
y el veladorcillo en el centro, le dijo:

—¿Qué le va pareciendo á usted esta
choza?...

—¡Oh! ¡magnífica, piramidal! Más que
un cuarto de solteros parece una casa

puesta al cuidado de una mujer diligen-
te y cuidadosa. Es usted muy bueno, don
Toribio...

—Y usted muy holgazán.

—¡Con cuánta razón lo dice!... Pero
me justifica mi ineptitud para estas cosas: piense usted que yo no haría nada
á derechas...

—Bueno, bueno. Hablemos de otro
asunto. ¿Cuándo piensa usted ir á visitar al amigo de su padre? ¡Jesús, qué
hombre!... ¿No comprende que es una
falta de atención, una descortesía im-
perdonable? ¡Vaya, arriba, dormilón!...

—¿Qué hora es?...

—Temprano; acaban de dar las nueve.

—Es una hora intempestiva.

—¡No diga usted eso! Aquí es la más á
propósito.

—Pues voy al instante.

Y Pepín abrió la boca en prolongado
bostezo, y, dilatando los músculos con
las dulces actitudes de la pereza, gritó:

—¡Melanio!...

—¡Señor!—contestó el *bata*.

—Pon agua limpia en la jofaina, saca los zapatos de charol y una camisa, y que esté bien cepillado ese traje negro, ¿eh?...

Media hora después salían juntos Pepín y don Toribio: aquél, en dirección á casa del señor de Chanchullo; Formigueira, á su oficina de la Dirección civil.

Don Rufino habitaba un hermoso *chalet* en la calzada de Sampaloc. El joven lugareño atravesó el jardín que circundaba el edificio, y preguntó á uno de los criados que le salieron al encuentro:

—¿Está tu amo en casa, muchacho?

—Sí, señor.

—Pues pásale recado: toma esta tarjeta.

Chanchullo se dignó recibir al hijo del señor Pascual.

El filipón era un hombre agradable y bien educado. Sus maneras, rayanas en la más pulcra cortesanía, animaron al joven villarrubiés, tímido de suyo y poco acostumbrado á las visitas de etiqueta.

Pepín, al entregar la carta de su padre, dijo:

—Ante todo, pido á usted mil perdones: mi falta de prontitud en visitarle obedece...

—Vaya, pollo, déjese de excusas: aquí entra usted como en su casa. ¡No faltaría más! Con su permiso, voy á leer...

La carta decía así:

«Querido Rufino: El portador es mi hijo Pepín, aquel que tú conociste cuando tenía dos años. Su afán de salir de Villarrubia ha ocasionado á su pobre madre grandísimos disgustos, pues nos amenazaba constantemente con ir á ese país, aunque para ello tuviera que sentar plaza de soldado. El señor López de Olivares le ha proporcionado un modesto destino. ¡Dios se lo pague! Espero que vigiles su conducta. Es un buen muchacho; por lo menos, aquí no me ha dado el menor motivo de disgusto. Ya

sabes lo que son los jóvenes del día, y
reclamo de tu antigua amistad un grandísimo favor: que refrenes las acometi-
vidades de su inexperiencia, que no le
abandones y que le reprendas severa-
mente cuando su mal comportamiento
lo exija.

¡Cuántos años que no nos vemos! Tú
ya no volverás por aquí. Si algún día
te decides á visitar esta pobre aldea, no
olvides que mi casa está á tu disposición
y que siempre es tu más afectuoso, in-
variable y consecuente amigo,

PASCUAL FERNÁNDEZ.»

Á medida que don Rufino leía la cariñosa epístola de su amigo Pascual, se
acentuaba en sus labios una sonrisa que
parecía surgir del mundo de los recuerdos. Aquellas líneas, mal trazadas por la
mano de un tosco labriego, le traían á la
memoria los azarosos días de la juventud. Pepín conocía la historia de aquel
hombre. ¡Se la había contado su padre

11

tantas veces!... Don Rufino tenía que
recordar forzosamente las miserias de
otros tiempos. Criado en medio del arroyo, sin familia que le comunicara el calor vivificante del hogar, habíase eman-
cipado de esa humilde esfera social en
que luchan los desheredados, en alas de
su travesura, de su abnegación y de su
audacia de joven combatiente. El señor
Pascual había sido su segundo padre: él
le había arrancado de la miseria; él le
había ayudado á escalar el puesto de se-
cretario del ayuntamiento de Villarrubia: y allí, con asideros más fuertes, con
medios más fáciles, pudo ceñir á su
frente la corona del vencedor. Hé aquí
la historia de los hombres que no su-
cumben en los recios combates de la
vida: una juventud llena de privaciones
y estrecheces, una vejez reposada y di-
chosa.

Así era don Rufino. Pero en aquella
sonrisa irónica, reveladora de un carácter amargado por el acíbar recogido en

el curso de su existencia borrascosa,
dibujábanse los últimos repliegues de
su alma depravada, á través de esa más-
cara hipócrita que oculta las heridas
siempre abiertas del corazón y los abismos siempre negros de la conciencia
humana.

Pepín no había podido adivinar tales
misterios en el risueño semblante de
don Rufino. Veía en aquel hombre franco, amable, sonriente, decidor, al fiel
amigo de su padre que conservaba el
recuerdo de los favores recibidos en los
tristes días de su juventud. No sabía que
en el fondo de aquel corazón, ya insen-
sible para las afecciones de la patria,
sólo anidaban los odios del misántropo
y las pasiones seniles del egoísmo.

Y ¿cómo había de comprender el joven lugareño que aquel hombre era un
miserable? ¡Ah, no! Don Rufino le había
dispensado un cariñoso recibimiento.

—¡Vaya, vaya con el pollo! — decía
sonriendo el señor de Chanchullo.— ¿Y

cómo dejó usted á su padre? Debe de estar hecho un veterano, ¿eh?...

—¡Ah! ¡mi padre no envejece nunca! Sus cincuenta y cuatro años no le han hecho variar ni el carácter, ni las inclinaciones.

—¿Conque aun tiene la chifladura de la política?

—En eso no escarmienta, por desengaños que reciba; lo tiene en la masa de la sangre: si le quitaran el manejo del partido, se moriría. No puede usted imaginar lo que aquel pobre viejo trabaja: un triunfo electoral le rejuvenece. Y lo más triste es que le pasa lo que al sastre del Campillo. Ya sabe usted: todo por don Javier. ¡Gracias que este señor no era tan desagradecido como otros muchos!...

—¡Qué Pascualete tan famoso!—murmuraba don Rufino.—Y diga usted, ¿qué le parece esta tierra? ¿Viene usted contento?...

—¡Ya lo creo! Por salir de aquel villo-

rrio hubiera hecho tratos con el mismo
Lucifer.

—¡Cómo pasa el tiempo! Mentira parece que sea usted aquel chiquitín que
tantas veces me ha mojado los panta-
lones.

—Llevará usted muchos años en Filipinas, ¿eh?...

—Un buen puñado de ellos: vine por
el Cabo el 63.

—¿Y no piensa usted volver por allá?...

—¡Quién sabe! Cuando ya se crean
afecciones es difícil arrancar á uno de
este país. Aquí tengo mis intereses y mi
familia: soy viejo, y me resigno á morir
entre los míos...

—Pues á mí no me disgusta *esto.*

—Crea usted que aquí vive todo el que
trabaja: yo quedé cesante á los dos años
de mi llegada al país, y con mis pe-
queños ahorros tuve lo suficiente para
crearme una mediana posición.

—¿Mediana? Envidiable querrá usted
decir. ¡No se haga usted tan pobre!... Un

hombre que se aloja en este palacio, tiene que ser rico por fuerza.

—No tanto, amigo. Algo más podría
tener, pero los tiempos son difíciles; así
y todo, estoy conforme con mi suerte.

—¡Ah! ¡debe usted estar archisatisfe-
cho! ¡Quién pudiera decir otro tanto!...

—Pues mucho juicio, y adelante. Así
se llega. Ahora diga usted: ¿dónde presta sus servicios?

—En Impuestos. Allí, y en la calle de
Santa Potenciana, número..., entresuelo, me tiene usted á sus órdenes.

—Gracias, pollo; lo mismo digo. Ya iré
á verle.

—¡No lo consiento! Un hombre de sus
ocupaciones...

—Bien; pero eso no importa.

—Ya vendré yo con frecuencia—dijo
Pepín levantándose.

—Pues nada, pollo, repito que ésta es
su casa. Considéreme usted desde hoy
como á una persona de la familia; no
me trate como amigo, sino como un her-

mano, como un padre... Si algo necesita
usted, con franqueza, dígalo: nada de
escrúpulos.

—¡Gracias, gracias, don Rufino! Ya le
diré yo á mi padre lo bien que usted me
ha recibido.

—Nada, pollo; crea usted que con esto
hago muy poco. Al señor Pascual le debo la base de mi fortuna, y, siendo usted
su hijo, tengo el deber de interesarme
por su bien. ¡Ah!, y ahora un encargo:
mucho juiçio, ¿eh?...

—Sí, don Rufino, tendré todo el que
cabe en un muchacho de mis años.

—¡No; en un hombre!... Porque usted,
aunque pollo por la edad, ya es un hombre por las circunstancias especiales en
que vive.

—Bueno, bueno. Conque muchas gracias por todo, y hasta otro día.

—¡Adiós, querido!...

Y con un fuerte apretón de manos
y después una acariciadora palmadita
en el hombro, salió el muchacho de la

espléndida morada de Chanchullo más
contento que unas pascuas.

Cuando Pepín se encontró con Formigueira, que ya le esperaba para almorzar, medió entre ambos este diálogo:

—¿Qué tal la visita?...

—¡Oh! ¡vengo contentísimo! Don Rufino es una excelente persona. Aquel
hombre me ha mimado y se ha deshecho
en ofrecimientos.

— Desconfíe usted — dijo secamente
don Toribio.

—¿Cómo?...

—Que no sea usted cándido y se ría de
las ofertas. Ése lo que quiere es vender-
le el favor sin hacerlo. ¡Hipocresía, mucha hipocresía! Hoy me he enterado por
un compañero de oficina de quién es ese
pájaro.

—¡Pero, hombre, si es una persona tan
agradable y tan...!

—Sí, todo lo que usted quiera; pero
es un bribón, que presta al sesenta por

ciento lo que antes ha robado inicuamente: de un hombre así no puede ni
debe esperarse cosa buena.

—¡Eso es una calumnia! ¡No lo creo!...

—Ya verá usted cómo no puede uno
fiarse de apariencias. Con usted no puede explotar otra cosa, y explota los ofrecimientos. ¡Ya lo verá usted, inocente
criatura!...

Los brutales pesimismos de Formigueira no convencieron á Pepín.

¡Quién no cree en la virtud, en la
amistad y en el amor á los veinte años?

¡Ah! Don Toribio era un escéptico, y
se había impuesto la odiosa misión de
arrancar de aquella conciencia virgen,
de aquel corazón de niño, las más her-
mosas ilusiones de la vida:—«No hay
amistad, no hay amor, no hay virtud en
el mundo»;—tales eran los amargos fru-
tos de la experiencia de aquel viejo.

XII

El mundo elegante de Manila no ha co-
menzado á hacer pinitos hasta después
de la apertura del Canal de Suez. La facilidad de las comunicaciones ha ido invadiendo de elementos exóticos el clási-
co país de la bibinca (*). Y estas gentes,
que por su carácter oficial se renuevan
por períodos de dos á tres años, van dejando en el país, como huella imborrable
de su paso, el sedimento de las más ridículas extravagancias. La importación
de la moderna usanza europea ha hecho
en este pueblo levítico una verdadera

(*) Masa compuesta de arroz molido, yema de huevo y
azúcar, que hace las delicias de los filipinos.

revolución. Puede afirmarse que las manifestaciones de la vida elegante entre
esta sociedad *sui generis,* tienen su único asiento en el mundo burocrático.

No hace muchos años era Manila ni
más ni menos que un villorrio grande,
cuyos tranquilos moradores se distin-
guían por la severidad de sus costumbres, amasadas á gusto del elemento
teocrático imperante. Cerrábanse aquellos tenderetes de los chinos poco después de la puesta del sol, y al toque de
ánimas aquellas pobres gentes se reco-
gían en sus modestos hogares de caña y
nipa, pedían á Dios en rezos intermina-
bles que les dejara ver el sol del nuevo
día, y quedaban las calles de la inmensa
ciudad alumbradas por mezquinos faro-
lillos de aceite de coco, en el silencio y
la quietud solemnes de la noche.

Hoy es ya otra cosa. Desde que nuestros nunca bien ponderados refinamientos asentaron sus reales en la culta capital del Archipiélago, comenzaron á

levantarse elegantes edificios; extendió-
se el radio municipal hasta absorber en
su recinto los suburbios que no hace mucho tiempo eran caseríos independientes
del casco de la población, y alojóse el
alto comercio en la hermosa calle de la
Escolta. Vino después la necesidad de
esparcimiento, y se consagraron bonitos
templos á Melpómene y Talía; templos
que han profanado más tarde los antiguos histriones de los *Carrillos* indígenas, y alguno que otro cuadro incomple-
to de malos artistas de ópera italiana.
Hubo un Carriedo que dotó á los mani-
lenses de ricas aguas potables, y una
empresa española que tendió por Manila y sus arrabales los rails del tranvía,
desterrando del tráfico gran número de
inmundas carromatas, poniendo el trans-
porte de viajeros al alcance de todas las
fortunas.

Y, como digno corolario de tan grandes progresos, cruzó en todas direccio-
nes el hilo del teléfono, ese maravilloso

vehículo de la palabra, é ilumináronse las orillas del Pásig con los focos de luz eléctrica de Edison.

Estas mejoras, realizadas en el corto espacio de dos ó tres lustros, llevaron á la sociedad manilense todas las exigencias de la vida moderna.

Las barcadas mensuales arrojan sobre la población gran contingente de elementos nuevos. La colonia peninsular ha ido poco á poco desterrando de la indumentaria aquella sencillez, aquella comodidad que tan bien se avenía á las patriarcales costumbres de los países de Oriente. Mujeres hay ahora que, no contentándose con el gusto estético de las modistas europeas establecidas en la Escolta, se hacen traer los trajes de los talleres de Worth, y los sombreros confeccionados en casa de madame de Virot ó en los grandes almacenes del *Printemps*. Y es tal la monomanía del lujo entre nuestras damas, encanto de los paseos y gloria de los salones, que difí-

cilmente se distingue la jerarquía social
de los maridos, obligados por la fuerza
de la imitación á que sus respectivas señoras rivalicen en el gusto, el precio, la
elegancia y la novedad de las prendas
de vestir.

Claro está que el sexo feo no ha podido sustraerse á la influencia femenina.
Así se comprende que el círculo de los
elegantes cuente cada día con mayor
número de adeptos entre estúpida falange de cursis, esclavos de la moda, que
no perdonan jamás el «smoking» para
las tertulias de confianza, el frac para
las *soirées* del gran mundo y la levita
gris para las carreras de caballos.

No hay más que darse una vuelta por
el Malecón ó por el paseo de la Luneta
para convencerse de que el ridículo no
ha exterminado todavía la raza de los
gomosos cargantes.

Y no veréis á ninguno de aquellos
improvisados regeneradores del país,
aquellos que no há mucho tiempo sólo

podían comer algo caliente dos días por
semana; no veréis á esos afortunados
mortales que paseen allí su desvergüenza como no sea en brioso caballo ó en
aristocrático *landau*. ¡Ah! En eso llega
la vanidad hasta un punto increíble. El
coche es en Filipinas un mueble del que
no prescinde el último sudatintas, sal
vas rarísimas excepciones. Y si come-
téis la tontería de haceros acompañar
de vuestra esposa para que no queden
desatendidos los intereses domésticos,
sois dignos de lástima. Entonces caerá
sobre vuestros hombros un aluvión de
exigencias inaguantables.—«¡Cómo llevar á Jacinta *pédibus* andando!—os di-
réis.—¡No, y no mil veces!... Tendrá
carruaje, gastará sombrero y vestirá á
la última moda. Ella es tan señora como
las demás, y no quiero que al vernos á
pie por esas calzadas diga con aires de
olímpico desdén alguna de esas cursilo-
nas: *¡Aparta, plebeya, que pasa una em-
peratriz!*

Una mujer española, por hacendosa, por arreglada que sea, tiene en Filipinas muy pocas ocupaciones. ¡Cómo hacerla entrar en la cocina! ¡Cómo consentir que friegue los platos! ¡Cómo dejarla barrer los suelos!... Esto es imposible. ¿Y el prestigio de la raza?... ¿Y las conveniencias sociales?... Sobre que, hablando con toda franqueza, este calor eterno no convida á trabajos corporales.

Una casa, sea del jefe, sea del subalterno, necesita cinco criados: uno para barrer, otro para fregar, otro para que nos guíe el carruaje, dos para la cocina y todos juntos para servir á la mesa.

En cuanto á nosotros, fácilmente se adivinan las ocupaciones que nos restan: vivir siempre arrellanados en cómoda mecedora, fumar buenos tabacos, hacernos aire, ahuyentar los mosquitos, alternar con sendos tragos de ginebra, cognac y benedictino, y holgar cuanto se pueda en las horas de oficina.—Bueno será confesar que los hay que cumplen

perfectamente como funcionarios públicos, no obstante lo enervador que es el
clima.

Con tan socorridos procedimientos, hé
aquí el resultado seguro cuando nos sorprende la cesantía: muchas deudas, la
salud perdida y la vanidad encontrada.
Pero queda el recurso de volver al seno
de la madre patria con una mano atrás
y otra delante... y una carga abrumadora de dolorosa experiencia.

¡Risueño porvenir!... ¡Magnífico sistema!...

Y esto, que ocurre siempre á las familias de la clase media, esa clase que
en Filipinas se confunde entre aquella
oleada de gentes ridículas que triunfan
y derrochan en lo superfluo sueldos
exorbitantes, ocurre también á las clases europeas medianamente acomoda-
das, entre las cuales es todavía más
perniciosa la pretensión de figurar al
nivel de aquellos insulares enriquecidos
que gastan 800 ó 1.000 duros en una fies-

ta, sin que por ello sufran el menor desequilibrio sus cuantiosas fortunas.

Y esos dichosos seres que viven al día, desvanecidos en el vértigo de las alturas, dan ocasión al comercio de Manila para emprender una verdadera cruzada contra los tramposos de levita, circulando de mano en mano, entre los horteras, aquella famosa lista en que mutuamente se daban á conocer los deudores bajo el significativo epígrafe de «*conozco á...*»

Allí figuraban nombres respetables: familias que, en la fiebre de la ostentación, no podían pagar las cuentas de los almacenes; gentes que pasaron el ridículo de ser inscritas en el libro no secreto de los parroquianos incobrables, pudiendo haber vivido con el decoro de su clase, y aun economizar lo bastante para hacer frente á las contingencias del porvenir.

Pues ni aun aquellas vergonzosas enseñanzas han contenido el desborda-

miento. La bola de nieve aumenta su
volumen, y acabará por sepultar bajo
su mole á esos visionarios que, al trans-
poner el Corregidor, olvidan las estrecheces pasadas, se encastillan en la in-
violabilidad de sus respectivas persona-
lidades, y se precipitan en la corriente
avasalladora, origen de todas las miserias, de todos los escándalos, de todos
los horrores que registra la historia de
esta sociedad heterogénea y ridícula en
demasía.

No hablemos de las consecuencias de
la emulación desatentada aquí reinante.
En Manila, donde todo el mundo se conoce y se codea por el estrecho círculo
en que se mueve su reducida sociedad,
el ocio inextinguible convida á las murmuraciones escandalosas, y la calumnia
grosera y la crítica soez son la comidi-
lla diaria y constituyen para las gentes
desocupadas un verdadero antídoto contra el aburrimiento.

Desgraciadamente, hemos conocido

épocas en que la fatalidad parece haber
volcado sobre Filipinas gran parte de
la escoria de la sociedad española. Y
aquí, donde todo se mira á través de un
lente que agranda los contornos de
nuestras flaquezas, ha bastado el desfile
de una docena de libertinas y unos cuantos inmorales para crear una atmósfera
envenenada que nos envuelve, nos em-
paña y nos confunde á todos por igual.

Muchas ridiculeces exterminaría la
prensa periódica si no viviera aherroja-
da y oprimida en los estrechos moldes
de un sistema cortado por el patrón de
los antiguos poderes absolutos, y, lo que
es peor, de cuando en cuando arbitra-
rios. Pero es inútil todo esfuerzo ante
la previa censura, tan cuidadosa siempre de evitar el ridículo de las persona-
lidades encopetadas; porque á las no encopetadas y á las ausentes, por lo común
se deja que pase el ataque más brutal.

Resulta más imprudente, provoca mayores escándalos en Filipinas una alu-

sión personal mortificante que un ataque á las instituciones metropolitanas. Y es tan exquisita la sensibilidad de estas gentes inviolables, que resulta imposible la tarea del escritor que pretende llevar al libro ó á la prensa el caudal de sus observaciones. Es preciso adular, adular siempre, para no incurrir en el desagrado del público, tan amigo de la calumnia hablada como enemigo de las verdades escritas.

XIII

Pasaron cuatro meses.

En este lapso de tiempo habíase modificado el carácter de Pepín, hasta el punto de que ya no conservaba sino el recuerdo de sus inocentes travesuras de muchacho nacido en el fondo de una aldea. La transición fué, más que espontánea, violenta. El contacto diario con don Toribio, aquel viejo hipócrita lleno de flaquezas, marrullerías y vicios con apariencias de austeridad; los malos ejemplos que constantemente había recibido, hicieron más continuas las versatilidades de su espíritu, propenso de suyo á todas las extravagancias y á todos los desenfrenos de la vida moderna.

Pepín era, sin embargo, muy digno de indulgencia: había frecuentado algunos salones, y en ellos habíase creado muchas amistades que le exigían, para no desentonar, grandes dispendios, inusitados lujos á que él no podía subvenir con su modesta asignación de funcionario de ínfima categoría. Á esa edad, en que la vida sonríe; cuando se confunden en nuestra inteligencia los candorosos ensueños del niño con las intuiciones apasionadas del hombre, es muy difícil sustraerse á la influencia del medio ambiente, y más difícil todavía si tal influjo halaga nuestras naturales inclinaciones. Pepín, embriagado con aquella atmósfera de fingida grandeza, no podía explicarse que la vanidad, á la manera que el aire en el vacío, iba invadiendo poco á poco su loca imaginación de muchacho. Y así tenía que suceder, más tarde ó más temprano, viviendo entre aquella sociedad, donde las convenien-

cias de raza borran el límite que separa
las jerarquías, y donde el más modesto
empleado, el más oscuro menestral tiene ó cree tener las mismas exigencias,
las mismas necesidades que el Jefe superior de la Colonia.

Este mundo, tan distinto del europeo;
esta sociedad extravagante, no conoce
más que dos clases: los rubios y los morenos; los que comen con la mano y los
que comen con cuchara; los de la camisa por fuera y los que visten de levita.

Pepín, aquel «buen muchacho» de Villarrubia, tenía que ser en Manila materia dispuesta para todo. El veía que sus
amigos, sus compañeros de oficina, los
jóvenes de su edad, se daban vida de
príncipes de la sangre, vestían á la moda, tenían vehículo propio y eran socios
del Casino y de la Hípico-Taurina. ¿Qué
más estímulo para una cabeza soñadora?
Y si él era tan blanco, tan bien nacido,
tan funcionario y tan buen mozo como
aquellos fantoches que le salpicaban de

lodo al paso de sus lujosos trenes, ¿por qué él no había de hacer lo mismo?... «¡Ah!—se decía algunas veces.—¡Ese viejo sabe mucho, pero también se equivoca! No comprende que los pocos años no admiten reflexiones. Yo debo dejarme arrastrar por la corriente. No he venido á este país con vocación de anacoreta. Además, don Toribio tiene familia á que atender; yo, á Dios gracias, no tengo nadie que necesite de mi apoyo.»

Y así seguía discurriendo el joven ex lugareño, en quien los rancios consejos de don Toribio no influían tanto como la torpe emulación de figurar al nivel de sus amigotes del paseo de la Luneta y el café de Magallanes.—«Ese hombre—pensaba, refiriéndose á Formigueira—no dice más que chocheces de viejo: que estudie, que trabaje, que ahorre, que me sacrifique; tal es su eterna chifladura. ¡Como si yo no tuviera los huesos demasiado duros para semejantes primores!...»

Pepín, por otra parte, había observa-
·do que la conducta de su preceptor no
respondía fielmente á sus catonianas
predicaciones: Formigueira, que tanto
alardeaba de puritano, tenía también
sus extravíos; esto le quitaba autoridad
para reprender al muchacho. Verdad
que don Toribio era muy económico y
contaba los garbanzos antes de entre-
garlos al. cocinero. Pepín no tenía el
menor motivo de queja desde este punto
de vista: su amigo administraba los intereses domésticos á las mil maravillas.

Pero, en cambio, destinaba una buena
parte de su sueldo al socorro de una viudita joven que le entretenía bastantes
horas de la noche. Y no era dudoso: se
lo habían asegurado á Pepín más de dos
amigos, que conocían los antecedentes
de aquella mujer. Formigueira, aquel
vejete libidinoso, poseía, sin embargo,
la virtud de saber ocultar sus vicios con
el manto de la caridad. Luego se había
hecho muy amigo de un fraile Recoleto,

paisano suyo, que los visitaba con frecuencia. Y don Toribio, que á pesar de
su cuidadosa discreción ante el joven,
había prodigado más de una vez sus inclinaciones por la república y sus creencias dudosas en punto á religión, jura-
ba y perjuraba ante el reverendo que
su ideal político era don Carlos, y su
ideal, como buen católico, la restitución
del poder temporal del Papa. Además,
Pepín había sorprendido á don Toribio jugando una partida de golfo, con
un resto que no bajaba de cincuenta
duros.

Estos deslices, que no pudieron ocul-
tarse por mucho tiempo, hacían perder
. terreno á don Toribio. Las conversaciones entre joven y viejo carecían también
de su primitivo carácter. Ya no hablaba
Formigueira como el apóstol que predi-
ca con el ejemplo. Maestro y discípulo
se conocían. Nada tenían que echarse en
cara mutuamente.

Pepín solía provocar diálogos pican-

tes de los que no salía muy bien librada
la reputación de aquel viejo gazmoño
que no perdonó jamás una misa de pre-
cepto ni un sermón de Semana Santa.

—¡Hipocresía, mucha hipocresía!—
murmuraba Pepín recordando los consejos de su amigo.

Y éste, cuando el joven le recibía con
una sonrisa maliciosa, solía decir:

—Es usted la misma suspicacia en forma de criatura.

Á lo que replicaba Pepín:

—El suspicaz será usted, que no ve
más que acusaciones en la expresión
alegre de mi semblante.

—¡Sí, sí; buenas alegrías nos dé
Dios!... Crea usted, amigo mío, que el
infierno está empedrado de malas intenciones: leo perfectamente en esa cara
lo que usted no ha querido decir...

—¡Ja, ja, ja!... Pero venga usted acá,
don Toribio de mis pecados. ¿Cuándo
me he permitido yo el atrevimiento de
censurar alguno de sus actos? Lo que

quiero es que no se las venga echando de Catón...

—¿Y á qué viene todo eso?...

—Á nada. Pero, vamos, que una cosa es predicar...

—¡Bah! ¡todo porque me vió usted en el Círculo? ¡Famosísima hazaña!... ¡Pues no andaría usted muy lejos!...

—Es natural. ¡Y ojalá no hubiera ido! Me ganaron hasta la última peseta.

—Lo celebro. Así no volverá usted por allí. Pero sepa usted que el dinero que yo jugaba no era mío: el amigo Cruz se empeñó en que le defendiera aquel resto..., y eso es todo.

—Pero ¿quién le pregunta á usted la edad que tiene?

—Es que creía...

—¡No, hombre, no! Hablemos de otra cosa. ¿Sabe usted que el chino de los muebles ha venido tres veces esta tarde?...

—Me lo figuro. Si no fuera usted tan informal, no se expondría á esos jaleos.

—¡Ah! Y ha dicho que me lleva al
Juzgado si no le entrego el dinero en
todo el día de mañana.

—Y yo, ¿qué quiere usted que le diga?

—El caso es que había pensado una
cosa...

—¿Qué?...

—Pues nada; pedir á un usurero lo
que me hace falta, y... ¡Cristó con todos!

—¡Desdichado!...

—No tengo otro remedio, don Toribio.

—Bien; pero en ese caso recurrirá usted á su amigo Chanchullo.

—Eso, de ningún modo. Podría enterarse mi padre, y...

—Tome usted mi consejo: no se entre-
gue á esos vampiros. Va usted á salir
con las manos en la cabeza.

—Ya lo sé; pero las circunstancias
apremian. Tengo que pagar al sastre el
«smoking» y el traje de americana; el
carrocero vendrá uno de estos días á
cobrar un plazo de la «charrette». En fin,

una *colonia inglesa* que espera el dinero
como al Mesías.

—¡Ay, Pepín, Pepín! ¿Quién le ha metido á usted en esos belenes? Esa cabeza no rige...

—¡Qué quiere usted! Compromisos de
la vida.

—¡No hay compromisos que valgan!
Eso es soplar en caldo frío. El sueldo de
oficial quinto no da para esos lujos.

—¡Hay tantos por ahí que hacen lo
mismo!...

—Bien; pero el que otros lo hagan no
es una razón. Es preciso recoger velas,
amigo Pepín.

—¡Á buena hora, mangas verdes!

Como uno y otro solían andar muy en-
tretenidos fuera de casa, sólo se reunían, y no siempre, á las horas de comer. Entonces se cambiaban las impresiones. El viejo seguía no clareándose
con Pepín. Á lo sumo afirmaba con un
gesto de inteligencia las picardías que
le iba sacando á colación el joven villa-

rrubiés. Éste era más espontáneo y lo
decía todo con la mayor naturalidad.
Así es que Formigueira conocía al detalle los apuros, los compromisos y las
aventuras de Pepín. En una de aquellas
largas sobremesas, en que aquellos buenos camaradas solían escanciar sendas
copas de cognac, hablaban de este modo:
—Vamos á ver: ¿qué ha hecho usted
esta tarde, buena pieza?—preguntaba
don Toribio.

—Pchs... lo de siempre. Dar mi acostumbrado paseo por Sampaloc; después
fuí al Malecón á ver niños góticos y se-
ñoritas cursis; más tarde estuve en la
Luneta: allí he oído gran cosecha de
chismes al compás de la música.

—Cuente usted; cuente usted...

—¡Inútil curiosidad! Ya sabe usted lo
que son aquellas gentecillas que se sientan junto á la pista para atisbar de cerca
el paso de los carruajes. En aquel sitio
se miente mucho; pero se hace día por
día el proceso de los transeuntes. Según

13

aquellas lenguas viperinas, no hay una
mujer honrada entre las muchas que pasaron en fantástica ronda ante nosotros.
En concreto, las noticias carecen de novedad: que si la de Mostillo está muy
amartelada con Pérez; que si la de López tiene ó no tiene que ver con Pinto-
jo; que si anoche estuvieron de «juerga»
con ese niño gótico de Martínez las chi-
cas del Brigadier... En fin, aquello daba
lástima. Era el cuento de nunca acabar.

—Y de doña Aurelia, ¿no se ha dicho
nada?...

—¡Calle usted, por Dios! Me han contado su última aventura. Es curiosa. Figúrese usted que hasta corren de mano en
mano unas poesias que ponen á la pobre
señora como un pingajo. Aquí traigo co-
piadas dos de las quintillas...

—¡Á ver, á ver!...

Y don Toribio leyó con verdadera
fruición:

«Dijo anoche Bernabé
que ha visto al pollo Según-

y á la hermosa doña Auré-
haciendo yo no sé qué
dentro de un coche de pún-.
Y asegura que el marí-
es ya de los consentí-;
por lo que dijo anteayer:
«que le importan un comí-
las cosas de su mujer.»

—¿Y quién es ese afortunado mortal?...—preguntó don Toribio.

—Un niño zangolotino: Segundo Ruiz, aquel gomoso que monta en el Hipódromo los caballos de González.

—Conque... el idilio fué en un coche, ¿eh? Bien dijo no sé quién que un carruaje de alquiler es á veces un palomar ambulante.

—También se ha hablado del chanchullo de la Aduana. ¿Usted no sabe nada de eso?...

—Sí, hombre. Ya sé que el *punto* está en Bilibid (*). Pero verá usted cómo todo

_____

(*) La cárcel.

queda en agua de cerrajas. Se dan muy
pocos casos de que vaya á presidio uno
de esos pájaros de cuenta. Si se tratara
de un pelele, ya vería usted...

—Pues me han dicho que la cosa es
grave. Parece que el desfalco se eleva
á muchos miles de pesos.

—Tanto mejor. Con ese dinero y con
una mujer bonita se hacen verdaderos
milagros. ¿Y qué se dice de la falsificación de los sellos?...

—Esa es otra. Pero he oído diferentes
versiones. Los cándidos creen lo de la
falsificación; los maliciosos aseguran
que eso ha sido una jugada para cierto
jefe de Hacienda. ¡Vaya usted á saber!...

—¡Esto es un escándalo!...

—No; eso es que aquí todos liman para
adentro. El que más y el que menos viene á Filipinas con la sana intención de
«redondearse» en poco tiempo: esto es
el puerto de arrebata-capas; cada uno
hinca el diente por donde puede.

—¡Qué país, Dios santo, qué país!—

murmuraba don Toribio con aires de indignación.

—¡Para cosas raras, Filipinas! ¿Usted recuerda aquel famoso Gobernador de provincia que estuvo aquí tanto tiempo esperando la resolución de sus expedientes?

—¡Ah! sí; ¿aquel aristócrata arruinado de quien se decía que estaba medio loco?... ¿Qué ha sucedido?

—Que después de probarle que se ha comido media provincia y que ha hecho verdaderas atrocidades, resuelven que vaya á otro gobierno de más importancia, sin duda para que el hombre siga haciendo de las suyas...

—¡Conque al hombre que merece un grillete le dan un ascenso! ¡Qué mundo, hombre, qué mundo!...

—Pero me han asegurado que la anomalía obedece á imposiciones de *allá*. Ese señor tiene, por lo visto, muy buenas agarraderas. Creo que le protege don Cristino. Lo cierto es que en este

país, por fas ó por nefas, todo resulta
un buñuelo. Se dan aqui muy buenas
trazas para hacer pasteles administra-
tivos...

—Aquí lo que pasa es que no hay quien
se atreva á arrojar la primera piedra,
porque no hay nadie limpio de pecado.

—¡Á propósito de pecados!... Observo
que anda usted muy entretenido de pocos días á esta parte...

—Sí; le diré á usted: voy al Casino:
como soy de la junta directiva, mi presencia allí es á veces indispensable...

—¡Vamos, hombre!... No quiere usted
darse por vencido. ¿Y la viudita del
Vivac?...

—¡Jesús, qué chico! Sería usted capaz
de suponer...

—Supongo que va usted á socorrerla...
¡Pobrecita!...

—¡Vaya, doblemos la hoja! No tolero
que piense usted mal de esa infeliz: esa
mujer es honrada, y yo...

—Hipocresía, mucha hipocresía...,¿eh?

—No, hablo con sinceridad: créame usted...

—¡Bueno, hombre, bueno! Cada uno se las busca por donde puede. Ahora voy á pedirle un consejo.

· —Usted dirá.

—Como es usted hombre experimentado en materias burocráticas, creo que me sacará de una duda.

—¡Fuera preámbulos! ¿Qué es ello?...

—Verá usted; yo tengo en mi negociado un expediente contra el chino industrial Sy-Tiangco: la oficina subalterna le ha condenado á una multa por defraudador: el chino interpone recurso de alzada... Yo creo que ese prójimo ha faltado al reglamento; pero me ofrece la mitad de la multa si consigo que se revoque la providencia dictada...

—Eso es cosa grave...

—Sí; pero se trata de doscientos pesos.

—Pues hay que estudiar el pro y el contra del asunto antes de proponer una resolución arbitraria...

—Lo tengo bien estudiado.

—¿Y qué?...

—Pues entiendo que, en este caso, la ley se presta á diferentes interpretaciones.

—Ya eso es harina de otro costal; pero tenga usted presente que el jefe no es tonto, y rechazará el criterio que perjudica los intereses de la Hacienda.

—¡Ah! Por esa parte estoy tranquilo: Balduque lo firma todo con la mayor frescura.

—Entonces...

—¿Qué?...

—Que si no hay responsabilidad, debe usted ganarse buenamente esos ochavos: á nadie le amarga un confite, y hacer como hacen...

Aquel hombre, que tanto se había escandalizado momentos antes al oir hablar de latrocinios, no sólo transigía con la inmoralidad, sino que aconsejaba el cohecho.

Don Toribio no se indignaba, pues,

contra los inmorales por virtud; se indignaba por envidia.

Y para ser uno de tantos no le faltaba
inclinación.

Le faltaban medios

XIV

CHARING

No tardó mucho tiempo Formigueira
en encontrar una buena cohorte de amigos. Entre éstos abundaban los de origen gallego, colonia que tiene en Filipinas, como en todas partes, una repre-
sentación bastante numerosa. Mientras
que Pepín disipaba sus horas en las fri-
volidades de la Luneta, del Malecón y
de algunas tertulias más ó menos distinguidas, don Toribio buscaba sus ratos
de esparcimiento, bien en casa de la
viuda, que resultó paisana, bien en la
de algún maruso correspondiente á la
benemérita clase de *camagones* (*). Así

(*) Nombre con el que se designa á los que llevan muchos años de país sin *indianizarse;* á los que se *indianizan*
poco ó mucho, se les suele llamar *plátanos* ó *aplatanados.*

le salía todo por una friolera. El buen
tabaco y la cerveza no faltan nunca
para los amigos consecuentes en el clá-
sico país de la hospitalidad. Y aquellos
felices ratos en que don Toribio hablaba
con sus amigos de la muñeira y del sabroso caldo gallego, le divertían muchísimo más que los paseos en coche y las
tertulias cachupinescas.

El marrullero pontevedrense había
intimado bastante con un fornido coru-
ñés, antiguo sargento de Artillería, que,
al tomar la licencia, encontró muy lucrativo el tráfico de productos del país,
y renunció á volver á la tierruca, casándose con una de aquellas indias de faz
angulosa y color de chocolate que le
ayudaba á hacer muy buenos cuartos.
Aquella mujer era un prodigio de fecun-
didad, y cada año obsequiaba á su *castila* con un rorro. El buenazo de Rodríguez —que así se nombraba el filipón —
había reunido en aquel hogar de la abundancia una docena de criaturas que de-

voraban el *gulay* y la insípida morisqueta como unos desesperados. Pero, á
Dios gracias, el negocio daba para mucho, y Rodríguez vivía feliz sin acordarse de las vaquiñas de su madre.
Hallábase á la sazón Venancia, la dulce compañera de todas las horas buenas
y malas de Rodríguez, en vísperas de
nuevo alumbramiento. El matrimonio
había convenido en que Formigueira
era el llamado á apadrinar al futuro re-
toño, y el pobre hombre se resignó al
sacrificio en gracia de los tabacos que
hubo saboreado y de la cerveza que llevaba consumida á la salud del espléndido paisanuco. Este daba por hecho que
don Toribio cargaba muy á gusto con el
parentesco espiritual, y en la casa, marido y mujer le llamaban compadre á
secas, olvidando su condición de persona adornada con honrosos títulos aca-
démicos y la Encomienda de Isabel la
Católica. Pero estas familiaridades no
mortificaban gran cosa al abogado pon-

tevedrense, pues no era la vanidad el rasgo culminante de su carácter. Lo que le traía á mal traer era la idea de que el bautizo iba á costarle un ojo de la cara.

El día de la fiesta no se hizo esperar. Venancia dió á luz con toda felicidad el decimotercio mesticillo. Rodríguez, aquel *rara avis* de los gallegos, que derrochaba en un día de comilona las economías de un año, quiso dar á la fiesta toda la esplendidez que requería la elevada alcurnia del padrino. Formigueira no trató de emular á su paisano, limitándose á satisfacer los derechos de la parroquia y á regalar un modesto trajecillo de cristianar al Benjamín de la familia.

En ninguna casa medianamente organizada de Filipinas se prescinde del piano, del arpa ó del violín. Los jóvenes indígenas despuntan por sus inclinaciones al divino arte. Pero, confesémoslo de paso, aun no hemos conocido ni un solo genio en este país de los *musiqueros.*

Aquí todos tocan algo; y el que no puede con otros instrumentos, obsequia á los vecinos con arpegios de guitarra. El caso es hacer ruido y bailar. ¡Ah! El baile es una de las cosas que más en serio toman los filipinos. En los rigodones, sobre todo, se emplean unas actitudes tan ceremoniosas, que estas *babaes* (mujeres) tienen todo el aire de princesas destronadas, y estos *bagontaos* (hombres jóvenes, solteros) el más atildado empaque de diplomáticos en ejercicio.

El buen Rodríguez había dado brillantes pruebas de su esplendidez. Su mesa estaba abundantemente provista de exquisitos manjares de Europa, entre los que alternaban la morisqueta y las viandas del país. Allí todos los convidados podrian sacar la tripa de mal año, porque había para todos los gustos: desde el rico *foie gras* y el dulce abrillantado, hasta el lechón relleno, el gulay y la sabrosa bibinca.

Se escanciaron muy buenos vinos y

licores, y la alegría rebosaba en todos
los semblantes, sobre todo en el del amo
de la casa, que reía como un bendito
cuando alguno de sus retoños derrama-
ba un plato de salsa sobre el mantel ó
hacía algún desaguisado en el salón.

Éste presentaba un aspecto sorpren-
dente. Las sayas de las *babaes* formaban una verdadera orgía de los colores
más vivos: mucho rojo, mucho azul, mucho amarillo, contrastando con el negro
de las levitas y el blanco de las camisas
de piña de los indios; éstos con gruesos
botones de piedras preciosas en la pe-
chera, aquéllas con ricas peinetas de brillantes sobre el azabache de la atezada
cabellera.

Además de la concurrencia de familias del país, entre las que tenía buenas
amistades el simpático *castila,* vióse la
casa invadida por la colonia gallega,
que, en todas partes, menos en Galicia,
constituye una verdadera masonería.

Pepín fué uno de los invitados por el

padrino. Aquel que un año antes era el más tímido lugareño, entró en casa de Rodríguez como en país conquistado. Estaba curtido en el trato de otros círculos más elegantes, y se encontraba allí como uno de esos hastiados aristócratas que se resignan por pura necesidad de variación, á honrar con su presencia los salones ridículos.

Verdad que entre aquel ramillete de lirios marchitos, en que tanto abundaban las narices aplastadas y los pómulos salientes, no podía el muchacho hacer alarde de su ingenio de fino galanteador, ni tenía elementos para pasar un rato agradable.

La india filipina, en sociedad, es mujer de pocas palabras. Allí todo el mundo se entiende por señas. Para invitarlas á bailar no hay más que acercarse con mucha ceremonia, inclinar ligeramente el cuerpo, no decir una palabra y ofrecer el brazo. El silencio es para esta gente harto expresivo. Y mucho cuida-

14

do con reir mientras lleváis cogida de
la cintura á una de esas ninfas que se
abandonan al vertiginoso torbellino del
vals. Entonces pensarán que os burláis
de la joven por su nariz, ó por sus ojos,
ó porque esté picada de viruelas. Tampoco está admitido deslizar una galante-
ría de buen género en los intermedios
de un rigodón. Es preciso estar muy serio, porque de otro modo os expondríais
á que vuestra pareja os dejase plantados
en medio del salón, murmurando entre
dientes: «¡Abá, castila, masamá! ¡Taman cá nang lintic!»

Que, traducido al castellano, quiere
decir, poco más ó menos: «¡Pero qué insolente es este hombre!... ¡Mal rayo le
parta!...»

Ya en las *soirées* de la raza mestiza refinada tiene otro carácter la vida de los
salones. Allí se hila un poco más delgado
en punto á modernismo y elegancia: se
baila riendo y echando flores á la pareja; se hace el amor y otras muchas cosas

que no debían hacerse, porque se murmura y se despelleja al mismísimo Preste Juan de las Indias. También en estas reuniones de medio pelo hay unas cuantas jóvenes mal aconsejadas que amenizan los intermedios con romanzas del género cursi. La *Stella confidente* tiene aún en este país infinitas admiradoras. Pero volvamos al *fiestajan* de Rodríguez.

Allí se divertía cada cual á su manera: unos fumando, otros comiendo, los más contemplando las musarañas. El salón es patrimonio exclusivo del sexo débil, que se distingue por la seriedad de sus rostros y la corrección de sus posturas. Ellos, los *bagontaos,* no suelen confundirse con las *babaes* hasta que la orquesta, el piano ó el arpa preludian algo bailable. Entonces se deciden aquellos mamelucos, agrupados como moscas en la *caida* (*), y dan cuatro voltere-

---

(*) Llámase así en Filipinas á la antesala, vestíbulo ó recibimiento, que sirve generalmente de comedor.

tas. Hecha esta automática operación,
vuelven á su puesto, dejando á las pobres muchachas, que dirán para sus
adentros: — «¡Jesús, cómo nos aburri-
mos!»

Á las jóvenes filipinas no les queda en
estos casos ni aun el recurso de hablar de modas y cintajos. Porque la indumentaria femenina del país es inva-
riable: la airosa y crujiente saya de raso,
la camisa de piña, las chinelas bordadas
y la peineta de brillantes: nada de cor-
sés, nada de medias, nada de zapatos,
nada de fruncidos. Entre la raza indígena son inaclimatables los refinamientos
de la moda europea.

Difícilmente se encuentra en los festines democráticos una mujer que no
conteste con monosílabos á las galanterías del más ingenioso conquistador de
corazones femeninos.

Por fortuna, había algo allí que se
apartaba de lo vulgar. Destacaba entre
aquellos rostros morenos taciturnos una

joven mestiza que, sin ser hermosa, no
dejaba de tener verdaderos atractivos.
Llamábase Charing (*), vestía á la europea y tocaba el arpa admirablemente.

Charing fué aquella noche la reina del
fiestajan. Aunque tenía fama de displi-
cente entre los pollos filipinos que la ga-
lanteaban, Pepín se acercó á la joven,
que acababa de tocar una melodía pre-
ciosa. Para halagar su vanidad de artista, le dijo:

—Toca usted como los angelitos del
cielo.

Y ella, con una sonrisa reveladora de
simpatía mucho más que de gratitud por
la lisonja, contestó:

—Vaya, no admito burlas: yo hago lo
que puedo; soy una aficionada, y nada
más.

—Sí; pero una aficionada aventajadí-
sima.

—Como hay muchas por ahí.

_____

(*) Equivale á Rosario.

—Como no puede haber ninguna: es usted la primera artista que conozco entre los filipinos.

—Muchas gracias por el favor...

—Esa pieza que usted acaba de tocar es un encanto. ¡Ah! Si usted estuviese propicia á complacerme, le pediría la repetición.

—¿Tiene usted mucho empeño?...

—¡Muchísimo!... Si usted fuera tan amable...

—Con mucho gusto; la repetiré.

Al expirar la última nota de aquella dulce melodía, Pepín, entusiasmado, dijo quedo, muy quedo al oído de la arpista:

—¡Bravo, bravísimo!... ¿Y cómo se titula esta pieza?

—«Primera lágrima de amor.»

—Lo comprendo: para escribir así es preciso estar enamorado; y para ser buen intérprete del autor, se necesita sentirlo. ¿No le parece á usted?

—No tal; jamás he estado realmente enamorada.

—Eso es imposible.

—Créalo usted...

—Perdone mi incredulidad. Una muchacha hermosa, que es además una artista de corazón, no puede vivir sin amores que poeticen su existencia.

—¡Jesús, qué poético está el tiempo!...

—Un poco cursi es la metáfora que he empleado; pero insisto en que usted tiene aquí algo que le interesa. ¿Me equivoco?...

—De medio á medio.

—Pues confiese usted que es muy difícil de contentar. Ya sé que tiene usted una legión de adoradores. ¿Es usted muy desdeñosa?...

—Puede que lo sea.

—Bien; pero el día que encuentre un hombre que la comprenda y la adore...

—¡Quién sabe! ¡Es tan raro encontrar esas cosas en estos tiempos!... ¡Buenos pícaros están ustedes!...

—Sí; pero convenga usted en que hay *clases.*

—Unos más, otros menos, todos ustedes *parejo* (*).

—Vamos, Charing, sea usted franca:
entre tantos jóvenes como hay aquí, ¿no
le llama ninguno la atención?...

—¡Quién! ¿ésos?... ¡Valientes espan-
tajos!...

– Pero entre todos... ¿ninguno?...

—¡Ninguno!...

—¡Pobre de mí!...

—¿Pero usted también?...

—¡Es natural!

—¡Ja, ja, ja! ¡Si yo creía...!

—Sí, Charing, es usted adorable, y
desde hoy me cuento entre el número
infinito de sus devotos.

—Es usted muy bromista.

—Lo seré; pero en este momento digo
la verdad. En fin, deléitenos usted con
otra piececita. La escucho á usted con
religioso silencio.

(*) Empléase mucho en Filipinas este vocablo; equivale
á *igual.*

Cuando Charing comenzó á tocar, acercóse don Toribio á invitar al joven á un refresco en nombre del anfitrión. Pepín no pudo negarse, y ambos salieron juntos de la sala.

Charing le seguía con la vista y con el pensamiento. El joven villarrubiés no le había sido del todo indiferente. Pepín no tenía más que abordarla, y el triunfo era seguro.

Ricardito López, que era uno de los amantes desdeñados, creyendo exasperar á Pepín, le dijo:

—¡Vaya, que buena sesión de galanterías has dedicado á Charing!...

—Pero, hombre, ¿viene uno á los bailes á rezar, ó á divertirse? ¿Crees que se enamora á las mujeres con miraditas tiernas ó con palabras ingeniosas? Hay que acercarse y empaparlas con la muleta...

—Es claro.

—¡Pues entonces!...

—Nada, que á pesar de tu «mano iz-

quierda», pierdes el tiempo lastimosa-
mente... *Ésa* no te hace caso.

—Es posible...

—Conozco á Charing, y sé que lo que
ha hecho esta noche es reirse á costa
tuya.

—En ese supuesto, concédeme que nos
habremos reído los dos. Porque te aseguro que he pasado un rato deliciosí-
simo.

—Sí; pero tú habrás creído...

—No; yo no he creído nada más... sino
que esa muchacha es muy lista y muy
simpática...

—Bueno; ¿y qué te propones?...

—No me propongo nada; pero si te interesa mucho saberlo, ten en cuenta que
no resultaría muy de tu agrado la noticia.

—Me sería indiferente—dijo Ricardito
con despecho.

—Pues no se conoce: cualquiera diría...

—¿Qué?

—Que estabas enamorado de Charing.

—Hombre, yo no lo estoy; pero lo están otros con más agallas que tú, y no quisiera presenciar tu derrota.

—¡Bah!... Tú te has metido á redentor de los desahuciados. Pero dime: ¿es rica esa mujer?...

—Lo ignoro.

—Pues entonces no me explico tu insistencia...

—Repito que mi interés es puramente platónico.

—Lo comprendo. Á ti no te pescan aquí como no ceben el anzuelo con una millonada, ¿eh?... ¡Buen pez estás, Ricardito!...

Si Pepín no había pensado en aquellos amores, la oficiosidad de su amigo hubiérale impulsado á formalizar sus relaciones con Charing.

Aquella misma noche volvió á sentarse junto á la simpática joven. Aquel íntimo diálogo exasperó las iras y los celos de los amantes derrotados. Pepín se

interesaba por la muchacha; pero nece-
sitó el estímulo del amor propio, sin el
cual hubiera olvidado á Charing al día
siguiente, como le había sucedido con
otras en los muchos salones que fre-
cuentaba.

XV

LOS COVACHUELISTAS ULTRAMARINOS

No era probable que el joven villarrubiés conservara por muchos días el recuerdo de Charing.

Engolfado en las disipaciones de esa
vida desordenada y crapulosa á que se
entregan los que se permiten, antes de
hora, el lujo de campar por sus respetos,
apenas quedaba á Pepín el tiempo suficiente para atender á sus ocupaciones
burocráticas. Él no había sido nunca
empleado; pero su viveza de imaginación, su travesura, sus atrevimientos y
su carácter franco y sencillo le conquistaron bien pronto grandes simpatías entre sus compañeros, que le tenían en fa-

ma de entendido funcionario al ver que
Balduque, el jefe, le confiaba el despacho de asuntos importantes.

Estas buenas cualidades atenuaban en
parte sus defectos; porque el muchacho
era la misma personificación de la pereza. Como generalmente se recogía á la
madrugada, bien por haber asistido á
una fiesta, bien por sus aficiones al juego, que le retenían en el Casino hasta
que terminaba el burlote de los rezagados, era lo cierto que Pepín no solía dis-
tinguirse por su puntualidad en la asistencia á la oficina. Esto le ocasionaba
serios altercados con el bueno de Balduque. Bien es verdad que las cariñosas
exhortaciones de éste no llegaban nunca á traducirse en hechos. El muchacho
sabía de sobra que su jefe era incapaz
de causarle el menor perjuicio. La severidad de Balduque era aparente y afectada. El pobre hombre tenía la menor
cantidad de jefe, y su carácter era de
suyo bastante débil. Algunas veces, en

un desahoguillo de mal humor, solía
decirle:

—Pero, hombre, ¿no le da á usted vergüenza venir á estas horas? ¡Como no
procure usted madrugar, me veré obligado á imponerle un severo correctivo!

—¡Pero, señor.Balduque!...

—¡No hay pero que valga!...

—Es que anoche estuve en casa de las
de Gómez...

—¡Sí, la historia sempiterna!... Mañana será en casa de las de Pérez. ¡Excusas no faltarán!... Ya me voy cansando
de ser tolerante con usted. Los compañeros se quejan, y tienen razón. Nada,
¡como usted no se enmiende...!

Y Balduque echaba cuatro juramentos
y se quedaba tan tranquilo.

Pepín, conociendo con quién se las había, no se intimidaba. Pero indignado
por la injusta acusación de sus compañeros, replicó:

—¡Pregunte usted á esos que se quejan, cómo pasan el tiempo en la oficina, á

pesar de su tan cacareada puntualidad!

—¡Eso no es cuenta de usted!

—No lo será; pero es fuerte cosa que se mida á todos por igual rasero. Mi negociado está al día. ¡Yo le aseguro á usted que no pueden decir ellos otro tanto!

—¡Mejor para usted!...

—No, será peor en todo caso. Á mí se me juzga como á esos que vienen aquí á charlar, á leer los periódicos de gorra y á beber cerveza.

—¡Bueno, bueno!... Basta de comentarios. Á su puesto, y á trabajar. ¡Hemos concluído!...

El joven, que salía riéndose de las amenazas pueriles de Balduque, mascullaba entre dientes:

—¡Bah!... Perro que ladra, no muerde. Mañana vendré á la hora de costumbre.

Estas escenas, de un sabor á veces bastante cómico, entre jefe y subalterno, eran casi diarias. Pepín abusaba de las complacencias de aquel buen hom-

bre; y en alguna ocasión se propuso evitar tales rozamientos. Pero la voluntad
del joven resultaba impotente para vencer aquella pereza enervadora. Odiaba por temperamento la puntualidad de
aquellos inútiles sudatintas, que no sabían hacer cosa de provecho. El pobre
González, un vejete que llevaba treinta
años de buenos servicios al Estado, era
el más voluntarioso. Pero sus esfuerzos
resultaban estériles: rutinario, formalis-
ta, machacón, tenía aquel antiguo cova-
chuelista algo de la laboriosidad del es-
carabajo.

Cuando volvió Pepín á sentarse frente á su pupitre, ese duro yunque de la
empleomanía militante, no pudo disimular su indignación por las oficiosidades
de sus compañeros.—«¡Ah!—pensaba.—
Debe de haber sido ese botarate de Ricardo. ¡No se cómo me contengo! Desde
la noche del bautizo le aborrezco. ¡Como
yo averigüe que ha sido él!...»

—Pero ¿qué le pasa á usted?—decía el

15

viejo González, al ver á Pepín tan ner-
viosillo.

—No, no me pasa nada—contestó el
muchacho sin levantar la cabeza.

—Vaya, una *bronquita* con el jefe,
¿eh?...

—Si no hubiera gentes chismosas...

—¿Por quién va eso?—dijo Ricardo,
dándose por aludido.

—Por el estúpido que haya ido á Balduque con el cuento. Yo vendré siempre
á la hora que me parezca. ¡No faltaba
más!...

—Eso digo yo. Aquí somos todos igua-
les. El otro día se me echó la escandalo-
sa por haberme retrasado veinte minutos, y no está bien que tú abuses á ciencia y paciencia de quien debía evitarlo.

—Pues eso de llevar chismes es cosa
de comadres; y si, como creo, has sido
tú el oficioso, te acreditas..., ¡vamos, ya
lo he dicho!, de comadre.

—¡Bah!... No quiero hacerte caso, porque...

—Sí, porque me vas á pegar, ¿no es eso?

—No; pero te ruego que no insistas...

—Insistiré, porque tu comportamiento me autoriza á pensar de ti cosas que no quisiera.

—Bien sabes que soy tu amigo; pero esto no basta para que dejen de irritarme ciertas preferencias...

—¡Vamos, ya pareció aquello! No sabías cómo vengarte de los desdenes de Charing, y encuentras muy cómodo el tomarla conmigo...

—¡Donosa ocurrencia la tuya! Esa mujer no está al alcance de mi desprecio.

—¡Adiós, Aníbal!...

—¡Valiente ganga es la tal mozuela! Te la cedo generosamente, chico.

—Pero ¿qué generosidades son ésas? ¡Cualquiera diría que esa mujer te ha pertenecido alguna vez!... ¿No sabes tú que Charing te odia con toda su alma? Es decir, no te odia, te desprecia... En fin, no hablemos del asunto.

—Sí, mejor será...

—Conste que, por lo demás, es de muy mal gusto lo que has hecho conmigo.

—Pues ¿qué querías, monín, que yo viniera á las ocho y tú cuando te diera la gana?...

—Algún sacrificio te había de costar el sueldo que indebidamente cobras al Estado. Tú estás aquí cinco horas para servir de estorbo y entretenimiento á tus compañeros. Es decir, que no trabajas ni dejas trabajar. Yo, en cambio, vengo á cumplir con mi deber, y creo que para ello jamás he necesitado de tu ayuda. En fin, lo que á ti te pasa es...

—¿Qué?...

—Que en el amor tienes la constancia de los feos y en la oficina la puntualidad de los inútiles.

Estos alardes no se lanzaban á humo de pajas. Aquellos covachuelistas del montón no podían motejar á Pepín por su abandono en los asuntos de su negociado. El chico ponía á la firma de Bal-

duque cuantos expedientes se le entre-
gaban para el despacho. Tenía el pruri-
to de que la fecha de los informes ó de
los acuerdos coincidiera siempre con la
del día de entrada de los documentos en
el registro general. Exigirle puntualidad era una verdadera tiranía. Y Pepín,
que lo comprendió así, hacía oídos de
mercader á las amenazas benévolas del
jefe y á los maliciosos comentarios de
aquellos inútiles oficinistas, que á manera de estribillo empalagoso solían decir
al muchacho con tono de burla cuando
llegaba á su puesto:

—«¿Dónde es la fiesta hoy?»

Pepín, sin parar mientes en aquella
frasecilla insidiosa, abría tranquilamen-
te su pupitre, daba cumplimiento á los
acuerdos del día anterior y se engolfaba
en los mamotretos que le entregaba el
faginante (*) del registro. Cuando ponía
término á su cotidiana tarea antes de la

(*) Ordenanza.

hora de salida, formaba en el círculo de
los desocupados que se entretenían en
criticar las reformas del ministro y en
despellejar á todo bicho viviente. Y así
que el mofletudo conserje asomaba las
narices, gritando: «¡La hora!», aquellos
puntuales, como manada de lobos ham-
brientos, se precipitaban por la escalera
murmurando:

—¡Santa palabra!... ¡Un día más de
nómina que debemos á la munificencia
del ministro!...

Y así iban viviendo aquellos empleadillos de última fila, que sólo esperaban
el día 30 para agruparse como nube de
moscas en torno de la mesa del habilita-
do, que les repartía unas cuantas miga-
jas del festín del Presupuesto.

¡El día 30! Es el día de gloria de los
empleados. Entonces se ven muy concurridos los centros oficiales de Manila.
Allí se dan cita los funcionarios nomina-
les, esos niños mimados que la toleran-
cia releva de prestar servicios; esos

afortunados mortales que reciben la credencial y se apoderan de la nómina como
de un patrimonio que les ofrece una ren-
tita saneada, sin inquietudes, sin trabajo, sin dependencia de ningún género;
esos felices retoños de personajes influ-
yentes ó de aristócratas tronados, que
vienen á Filipinas «por calaveras» y qui-
tan al pobre empleado probo, antiguo é
inteligente el amargo pan que le ofre-
ciera la Administración pública á cambio de grandes sacrificios y no menos
grandes merecimientos.

Allí acuden también ese día los dependientes de bazares y tiendas de comestibles, todo el gremio de sastres y
zapateros, la canalla de los prestamis-
tas, esos vampiros de la sociedad, todos
con su cuenta ó su recibo en acecho de
las víctimas. Es preciso anticiparse. El
cobrar ó no cobrar depende del turno
que se logra. Cuando llegan á su casa
los infelices empleadillos, pordioseros
de la «olla grande», aun les espera un

batallón de enemigos que se disputan á brazo partido el honor de presentar al cobro sus facturas.

El día 30 es la fecha señalada en Manila para la circulación de numerario: el resto del mes todo se compra y se vende al fiado por medio del *vale* tradicional. No es una hipérbole decir que el valor representativo de esos documentos excede en un mes del total de la circulación fiduciaria del Banco Español Filipino.

Las tiendas abren un crédito á sus parroquianos en la importancia de los recursos de que cada uno dispone. El desdichado que á fin de mes no paga religiosamente sus cuentas, es hombre al agua. En seguida se le inscribe en el famoso: «Conozco á...», y su nombre se entrega á la voracidad y al ludibrio de aquellos mercachifles, que hacen voto solemne de rechazar, *per sæcula sæculorum,* toda demanda de los parroquianos insolventes.

Pepín ya había llegado á ese lamentable extremo. Gracias á la previsión de
Formigueira, la república se conservaba incólume en el entresuelo de la calle
de Santa Potenciana. ¡Buen cuidado ponía don Toribio en recoger al muchacho
el exiguo remanente que le dejaba su
retención judicial! Con esto iba tram-
peando, y aun tenía Pepín lo suficiente
para los gastos menudos, hasta que la
Providencia pusiera á su alcance otro
negocio *chinesco* que le permitiese salir
de apuros por unos cuantos días.

Don Toribio era el cliente más afortunado de Pepín. No solía quedarse, como
los demás, á la luna de Valencia. En
cuanto llegaba el joven á casa, abriéndose paso entre los acreedores que in-
vadían el portal, el bueno de Formigueira le salía al encuentro é interrogaba:

—¿Qué *cosa?*...

Frase sacramental á la que Pepín contestaba siempre:

—¡Aquí está el dinero!

Y se lo entregaba á su amigo como pudiera hacerlo el hijo más juicioso al padre más necesitado.

Entonces Formigueira deshacía el envoltorio y recontaba las monedas con fruición. Echando sus cuentas, decía entre dientes:—«Esto para alquileres; tanto que importa la mitad del gasto; sobran diez y ocho pesos: le reservo cinco para tabaco y café... Vaya, quedan trece duros para ir entreteniendo la voracidad de esos buitres.»

Y hecha la operación, don Toribio entraba en el cuarto de su amigo, diciendo:

—Hé aquí lo disponible para los *ingleses*. Vamos á darle giro, ¿eh?...

—Sí, hombre; *usted cuidado* (*). Lo que deseo es que me dejen en paz.

—¡Melanio!...—gritaba Formigueira.

Y se presentaba el fámulo, dispuesto

(*) Frase muy usada en este país. *Usted cuidado* quiere decir: «Haga usted lo que guste», y viceversa. Tienen aquí esos vocablos porción de acepciones admitidas por la costumbre.

á cumplir los encargos del señorito *ma-
tandá* (*).

Formigueira, con cierta solemnidad,
decía:

—Á ver, ¿quién está ahí?...

—Tiene *siguro* mucha gente, señor...

—Pues que vayan entrando por turno
riguroso hasta que yo avise.

Y los cobradores, que esperaban impacientes al Mesías apiñados en los cuá-
tro escalones que daban acceso á la modesta vivienda de Pepín, comenzaban á
luchar, disputándose el derecho de pre-
ferencia. Cuando Melanio abría la puerta, aquella turba feroz se precipitaba por
entrar como si se tratase de un estreno
de Echegaray ó de una corrida de Bene-
ficencia. Formigueira repartía equitati-
vamente aquellos ochavos entre los que
llegaban antes; éstos recibían su dinero
como lluvia de Mayo, y entonces empe-
zaba otra lluvia de imprecaciones y de

_____

(*) Viejo.

groseros insultos de los que se quedaban sin cobrar; insultos que el pobre don Toribio soportaba resignado en
gracia del cariño y la profunda simpatía
que profesaba á su joven compañero.
Pepín, entre tanto, se entregaba á mil
cábalas, producto de los más ridículos
trampantojos de la fantasía.

Allí, en su cuartito, tumbado en la pe-
rezosa, soñaba el joven grandes extravagancias:—«Con esos cinco duros que
me quedan voy á realizar una bonita
combinazione. Compraré un billete de
lotería... No, eso es más difícil. Mejor
será jugarlos á la *desesperada:* cinco
que hacen diez, diez que hacen... Sí, eso
es; esta noche me calzo la gran fortuna
en el Casino: con mucho corazón y un
poco de suerte se hacen verdaderos milagros... ¡Y qué contentos se pondrían
mis *ingleses!*... Yo no puedo seguir así;
necesito dinero, mucho dinero, y sobre
todo es preciso que salga muy pronto de
la vergonzosa tutela de don Toribio...

¿Qué pasaría si yo me jugara el sueldo íntegro y no pudiera cubrir mis atenciones domésticas?... ¡Ah! No quiero pensar en semejante absurdo. Ese hombre sería capaz de dejarme sin comer, y acaso de ponerme en medio del arroyo. Nada, con Formigueira estoy obligado á portarme bien. Porque, él será todo lo abogado que quiera, pero lo que es como mayordomo, ¡voto á bríos!, no tiene precio...»

Cuando don Toribio conseguía dispersar aquella horrible invasión de acreedores, murmuraba casi satisfecho:

—Vaya, por este mes hemos concluido. ¡Pero en qué líos me ha metido este demonio de muchacho!...

Y por toda justificación de los extravíos de su pobre amigo, se decía:

—¡Pero, señor, si es una criatura!...

XVI

La inclinación del joven villarrubiés hacia Charing se había acentuado bastante, á consecuencia de una serie de circunstancias imprevistas.

Había transcurrido más de un mes sin que Pepín tuviera nueva ocasión de hablar á su simpática amiga. Bien es verdad que él no mostraba grandes impaciencias por ello. Indudablemente sólo conservaba el muchacho, respecto á Charing, ese vago recuerdo que deja siempre en el alma una mujer amable, que nos proporciona unos cuantos minutos de grato esparcimiento. El amor no aguijoneaba todavía á Pepín, no obs-

tante sus primeras impresiones de simpatía hacia la joven y las oficiosidades,
en cierto modo interesadas, del envidio-
sillo Ricardo.

Una de aquellas noches salía Pepín
de su casa con ánimo de dar un paseo
al azar por las calles de la población.
Desde que sus proverbiales desprendimientos le habían obligado á malvender
cuanto de superfluo obtuviera en los comienzos de su excursión por los laberin-
tos del mundo social, vivía enteramente
apartado de sus primitivas disipaciones.

Ya no .era Pepín aquel polluelo almi-
barado y elegante que.concurría diariamente á los paseos predilectos de la sociedad de buen tono. El juego, la manía
del lujo y de la grandeza, unida á la es-
casez de medios, le habían sumido en el
más lamentable estado moral de abati-
miento. Unas cuantas contrariedades,
después de un año de fementidas satis-
facciones, bastaron para dejar en su alma el amargor eterno de los desenga-

ños. Ya comenzaba á pagar ese tributo
irremediable que la sociedad exige á las
víctimas del error ó de la inexperiencia.
Mientras que el pobre muchacho veía
á lo lejos la más leve esperanza de mejorar su triste situación, soportaba las
adversidades sin violencia de ningún género; después inicióse en él algo así como un aplanamiento moral.

Había vivido muy de prisa; había pala-
deado todas las dulzuras, y necesitaba
un reparador descanso para evitar esos
prematuros hastíos que enervan y destruyen las naturalezas enfermizas. ¡Ah!
Pepín, aquel candoroso joven lugareño,
necesitaba, para ser un hombre á la moderna, templar su espíritu en el yunque
de las privaciones. Sin aquel triste lapso de su vida, y sin aquellas amargas
horas de meditación, apartado del mundo, no hubiera concebido jamás cuán
grande es la perversión humana. En el
libro de la experiencia es donde únicamente podría acostumbrarse á mirar á

16

sus semejantes como á los más irreconciliables enemigos.

El primer año habíale parecido un fantástico sueño. Al despertar hallábase en presencia de una realidad aterradora. Donde él había creído encontrar un fiel amigo, sólo encontraba un hipócrita ó un indiferente.

El mismo don Rufino, aquel miserable usurero, que con tan refinada delicadeza fingía recordar el bien recibido en otros tiempos, para él muy angustiosos; aquella especie vulgar de cuákero, enriquecido á expensas de inmoralidades y explotaciones indignas, había inferido al pobre Pepín el más tremendo de los ultrajes, y le hizo sufrir una desconsoladora decepción. Cuando se encontraba el joven en el período álgido de aquella fiebre enloquecedora que le devoraba, cometió la ligereza insigne de confiar á los azares del juego la mermada asignación que acababa de percibir, olvidando las consecuencias que tal indiscreción

pudiera acarrearle. La fortuna no quiso
serle propicia, y Pepín vióse precisado
á confesar á su amigo Formigueira toda
la enormidad de su falta.

Era necesario, no obstante, subvenir
á las atenciones preferentes de aquellos
días; y Pepín, recordando los espontá-
neos ofrecimientos del fiel amigo de su
padre, creyó llegado el momento de re-
currir á su magnanimidad, en evitación
de un rompimiento definitivo con su paciente camarada, el bueno de don Toribio, que dejaba de ser bueno, y paciente,
y razonable, cuando las travesuras de
Pepín amenazaban en un centavo sus
bien administrados intereses.

El muchacho, venciendo sus escrúpulos, jugó en aquella ocasión la última
carta. No tuvo, sin embargo, el suficiente valor para explicar de palabra sus
estrecheces al señor de Chanchullo, y
decidióse á escribirle confesando lisa y
llanamente la verdad de su situación.
Pepín no dudó de la eficacia del proce-

dimiento; pero aquel malvado, que antes que amigo de nadie, era un hombre de negocios, sólo veía en la demanda del inexperto joven un *sablazo* corriente, sin garantía y sin esperanza alguna de realización con los crecidos intereses á que sometía á las víctimas de sus feroces garras.—Claro está que don Rufino tenía que negarse á complacer á Pepín en tan críticos instantes, disfrazando su abominable acción con cuatro frases de cortesía y con unas cuantas excusas de mercachifle.

El joven, que no esperaba seguramente aquella evasiva, sintió disipados en la mente los últimos optimismos de su candidez. Aquel desengaño decidió para siempre el rumbo de sus ideas respecto de la sociedad á que le habían lanzado tan prematuramente sus briosas alas de joven aguijoneado por grandes aspiraciones.

Llevaba como escudo á las terribles luchas de la vida un corazón nobilísimo

y lleno de esperanzas; una imaginación
soñadora, aun no manchada por las im-
purezas de la realidad. Con tan débiles
armas no podía menos de sucumbir, y
sucumbió sin protesta, sin exhalar un
quejido, sin arrastrar en su caída el sedimento de odios y de venganzas, que
son para almas ruines el contrapeso de
la experiencia.

Sólo le quedaba entonces un recurso
supremo, la dudosa indulgencia de don
Toribio.

—«Si ese hombre — pensaba — no transige por esta vez, estoy perdido. Éste
será el último de mis errores. ¿Me aban-
donará don Toribio? Sin crédito, sin
dinero, sin amigos, es imposible ir á
ninguna parte. Estoy plenamente convencido de que, con mis antiguos procedimientos, voy derecho á una completa ruina. Colocado ya en esa pendiente
resbaladiza, fácilmente se rueda hasta
el fondo del abismo. Aun es tiempo de
evitarlo: ¿qué duda cabe? Dios aprieta,

pero no ahoga. Esta noche referiré lealmente mis cuitas á Formigueira... Le
propondré una buena solución al grave
conflicto en que me ha colocado ese vicio deleznable. No pagaré un cuarto á
nadie hasta tanto que don Toribio se
desquite de sus anticipos por mi cuenta.
¡Cuando él sepa la indignidad de ese pícaro usurero, va á chuparse los dedos
de gusto!... Al fin, tenía razón el pobre
Formigueira... Ese hombre es un miserable, y yo... ¡un solemnísimo majade-
ro!...»

Tales consideraciones iba haciéndose
para sus adentros el joven de Villarrubia, cuando de pronto hallóse frente á
la iglesia de Santo Domingo, cuya fa-
chada principal estaba profusamente
iluminada.

Celebrábase á la sazón la novena de
la Virgen del Rosario. Era extraordi-
naria la afluencia de devotos, y Pepín,
arrastrado por la corriente, ya que no
por su devoción, decidióse á penetrar

en el sagrado templo. Allí, bajo la nave izquierda, junto al presbiterio, estaba Charing rezando. El joven cruzó con ella una mirada furtiva; y olvidándose del respeto que se debe á la majestad del lugar, acercóse á Charing. Ésta, que no podía disimular su emoción, lejos de eludir el diálogo *sotto voce* que tan indiscretamente iniciaba su simpático amigo, formuló preguntas en las que envolvía una serie de tiernos reproches por el inexplicable retraimiento de Pepín, á quien no había vuelto á ver desde la noche del bautizo. El joven observó que una devota, arrodillada junto á Charing, hacía gestos de disgusto, y que de vez en cuando le miraba con verdadero enojo.—«¡Bah!—se dijo el muchacho.—Esta buena mujer se indigna muy justamente por nuestra falta de devoción: no sabe, sin duda, que el amor es muy atrevido y comete grandes indiscreciones.»

Y reanudó su interrumpido diálogo con su bella amiga.

De pronto, aquella mujer, nerviosa, profundamente desazonada, levantóse, como impulsada por un resorte, y gruñó con imperio al oído de Charing:

—¡Vámonos, imprudente, mal educada!...

La joven, obedeciendo, siguió á la vieja gruñona, no sin decir quedo, muy quedo á su amigo Pepín:

—No se haga usted tan caro de ver... ¡Ingrato!...

Y él, orgulloso del interés que había despertado en el corazón de la joven, murmuró:

—Sí, sí; nos veremos muy pronto.

Decididamente, Charing estaba enamorada.

El día siguiente creyó Pepín encontrar á la joven en el mismo sitio. ¡Empeño inútil! Charing no volvió más á la novena de la Virgen.

Aquélla, que era la primera contrariedad, avivó el deseo en el corazón del muchacho.—«¡Ah! Es preciso verla y ha-

blarla—se decía.—Charing merece todo
mi cariño. Acaso sea ella la única mujer
capaz de hacerme olvidar mis negras
adversidades.»

Pepín procuró en vano explicarse la
causa del retraimiento de su amiga.

Así pasó más de un mes. Una tarde
encontró el joven á uno de los hermanos de Charing, á quien trataba íntima-
mente desde sus primeras visitas al Casino. Invitóle á dar un paseo por la Luneta; y sacando todo el partido posible
de la inocencia de aquel chicuelo, se decidió á preguntarle:

—Pero oye, querido Emilio: ¿cómo es
que tu hermana, tan buena devota, no
ha ido más que un día á la novena de la
Virgen?

—No lo sé, chico. Lo único que me
consta es que desde ese día no ha habi-
do una hora de paz en mi casa.

—¿Y no conoces el origen de esos disgustos?...

—No; pero supongo que será cuestión

de noviazgos. ¡Que voy á la novena!...
¡Que no irás!... Chico, se arma allí cada
sopapina, que mete miedo... Mamá tiene un geniazo que el demonio que lo
aguante.

—¡Conque el disgusto es por la novena!, ¿eh?...

—Eso parece.

—¡Pobre muchacha! La verdad es que
privarla del culto de la Virgen en semejante ocasión, es una verdadera tiranía.

—Y ¿qué quieres? Rarezas de las
madres.

Pepín no necesitaba saber más. La
jornada había sido completa.

Tenía despejada la incógnita.

XVII

EN EL GARLITO

Habitaba la familia de don Rosendo
una espaciosa casa de la calle de Cabil-
do. Pepín solía transitar por ella todos
los días, de paso para la oficina. Muy
contadas fueron las veces que había él
conseguido ver á su pretendida á través
de las persianas del piso principal. Indudablemente, la madre de la simpática mestiza le declaraba una guerra sin
cuartel. Doña Mameng (*), que así se llamaba la futura mamá suegra, no podía
tragar al muchacho desde su atrevimiento de la novena, y se oponía tenaz-

---

(*) Equivale á Carmen.

mente á aquellos amores, cada vez más indestructibles en el corazón de la niña.

Charing pudo eludir, por medios ingeniosos aunque vulgares en casos de esta índole, las terribles asechanzas de su madre. Para estos trances nunca falta una buena amiga, de la clase de compañeras de colegio, que se preste á desempeñar el papel de intercesora; y Charing tenía su persona de confianza á quien contar la historia de sus amores contrariados: Lolita Alcázar, íntima de Charing, se ofreció á facilitar las comunicaciones entre los perseguidos enamorados; ella conocía á Pepín y podía verle con frecuencia en casa de otras amigas á quienes visitaba el joven villarrubiés. Lolita prestóse gustosísima á ser la portadora de las misivas de amor. ¡Qué felicidad para la pobre Charing! Al fin, podía comunicarse con su novio, de quien estaba enamorada desde la noche del bautizo. Como la suspicacia de doña Mameng llegaba hasta un punto

increíble, no era prudente que Charing
mostrase grandes deseos de visitar á su
amiga. Ésta, por su parte, burlaba de lo
lindo la cuidadosa vigilancia de aquella
mamá intolerante, que, por un capricho
de timorata ridícula, quería privar á su
hija de un novio guapo, elegante, fino y
fácil de convencer.

Generalmente, Lolita iba á pasar las
tardes con su amiga. Delante de doña
Mameng, la hábil intercesora hablaba
de sermones, de vestidos, de todo, menos del asunto que principalmente la llevaba al lado de Charing con tanta frecuencia. Doña Mameng no podía sospechar que Lolita estrechaba más cada día
las relaciones de Charing con el hombre
á quien odiaba ferozmente, acaso por
instintos de raza, aunque á la superficie
no saliera nunca otra cosa que la inso-
lencia del muchacho en lugar tan digno
de respeto como lo es la casa del Señor.

Cuando aquellas buenas muchachas
quedaban libres de la presencia de doña

Mameng, la pobre Charing, aun más con los ojos que con los labios, interrogaba á su amiga:

—¡Habla pronto!... ¡No me impacientes!... ¿Le has visto?... ¿Me traes *algo* suyo?...

—Sí, hija; le he visto hace un momento. Toma *eso,* y alégrate.

Y le entregaba una carta, que Charing leía un ciento de veces cuando se quedaba sola en su habitación.

—¡Ay, Lolita, qué buena eres!—decía Charing con ternura, mientras pagaba con un beso las bondades de su amiga.

—Lo que hago es muy natural. Creo que tú serías lo mismo para mí—contestaba Lolita.

—¡No faltaría más!... Pero cuéntame, ¿qué te ha dicho?...

—¡Calla, chica! El pobre está desesperado con lo que pasa, y dice que ni está dispuesto á seguir paseando inútilmente la calle como un cadete, ni quiere sufrir por más tiempo las tonterías de tu ma-

dre. ¡Ah!... Y que esta noche hablará
con tu padre para formalizar vuestras
relaciones. ¡Ya ves si el chico viene decidido!, ¿eh?...

—¡Ay, qué alegría! Estoy segura de
que papá le dirá que sí: Pepín le ha sido
siempre muy simpático. ¡Lástima que
mamá tenga ese carácter tan endiabla-
do! Sólo por *aquello* de la novena, que
ya te conté, no puedes imaginar el odio
con que mira al pobre muchacho: «Que
es un hereje—dice,—un joven sin educación y sin vergüenza». Chica, le pone
como un pingajo siempre que se hace
conversación del asunto. Y yo no sé lo
que me pasa; pero lo cierto es que cuanto más le insulta y más me martiriza, le
quiero con mayor entusiasmo.

—Eso nos pasa á todas. Pero no te
apures; al fin tu madre transigirá: esas
rarezas sin fundamento acaban en seguida.

—¿Tú crees?...

—Sí, hija. Y no sé por qué me parece

que la tenacidad de tu madre ha de convenirte mucho. Con esas oposiciones sistemáticas no se consigue otra cosa que entusiasmar á los hombres y...

—Sí; martirizando á las pobres mujeres...

—¡Quién sabe!... Acaso la estrategia de tu madre sea un aliciente para casaros más pronto. Conozco el sistema, y te aseguro que da excelentes resultados.

—¡Qué cosas tienes, Lolita!...

—¡Ya lo verás! Los hombres son muy raros. Apostaría cualquier cosa á que Pepín, sólo por el gustazo de darle en la cara á tu madre, sería capaz de hacer una diablura.

—¡Vaya, vaya; no digas tonterías! Yo no me casaré nunca á disgusto de mamá.

—Eso se dice ahora muy fácilmente; pero cuando llega el caso, no se hacen ciertas gazmoñerías. Semejantes escrúpulos no sientan bien á las muchachas de estos tiempos.

—No niego que á Pepín le quiero con
locura; pero aun así, no sé lo que haría...

—Pues ¿qué habías de hacer, tonta?...
Casarte; cuanto más pronto, mejor.

Al mismo tiempo que este diálogo me-
diaba entre Charing y Lola Alcázar,
otro no menos interesante sostenían en
el Casino don Rosendo y Pepín. Éste,
que era amigo del padre de su amada,
no dudó del éxito de su empresa. El joven, que conocía de sobra el buen humor que gastaba don Rosendo, hasta
para los asuntos más serios, le abordó
de esta manera:

—¡Amigo mío! Usted no ignora que yo
amo á su hija *con buen fin.*

Y don Rosendo atajó al muchacho:

—¡Hombre!, ¿qué me cuenta usted?...

—Lo que usted oye.

—¡Pues no me había enterado de esos
amoríos!

—Mi pretensión se reduce á que usted
autorice mis relaciones con Charing.

—¡Pero, hombre, eso es un tiro á boca

17

de jarro!... Vamos por partes. ¿Mi hija le corresponde á usted?...

—Es natural, amigo don Rosendo: de no ser así, no me hubiera atrevido...

—¿Está usted bien seguro de ello?...

—Segurísimo, hasta la evidencia.

—Pues entonces la cosa es clara: usted quiere á mi hija, mi hija le corresponde á usted..., no hay más que decir: ¡hágase vuestra santísima voluntad!...

—Bien; pero es que hay un inconveniente.

—¿Inconveniente?...

—Sí, y muy grave por cierto.

—¿Cuál?...

—Pues que doña Mameng se opondrá seguramente á que yo entre en su casa.

—¿Mi señora?... ¡Bah!... Sería raro que ella no se opusiese á todo. Pero no haga usted caso: es su sistema. Ya ve usted: llevamos veinticinco años de matrimonio, y aun no he tenido el gusto de que coincida conmigo en nada. Es una rareza como hay muchas, y las rarezas de

las mujeres, amigo mío, hay que sufrir-
las con santa resignación.

—En ese caso, esta misma noche iré á
su casa en clase de novio de Charing.
¿No es eso?...

—He dicho que, por mi parte, no tengo
inconveniente: yo no soy de esos padres
mal aconsejados que intentan imponer
su voluntad á las hijas en asuntos priva-
tivos del corazón.

—Muchas gracias, amigo don Rosendo.

—No hay de qué darlas, pollo.

—Pues entonces..., hasta luego.

—Sí, hombre; hasta cuando usted guste.

Pepín quedó satisfecho de las complacencias de don Rosendo. Éste, como
buen padre, sólo veía en su estudiada
amabilidad un medio decoroso de *colocar* á su hija.

Cuando el simpático don Rosendo re-
unió á su *barangay* (*) en torno de la mesa del comedor, hizo el fiel relato de su

_____

(*) Familia, en la acepción en que aquí se emplea.

conferencia con el pretendiente de Charing. Ésta no cabía en el pellejo de pura satisfacción. En cambio, doña Mameng, verdaderamente indignada, obsequió á su marido con los más duros calificativos por haber cometido la imprudencia de autorizar las relaciones de la hija sin conocer la opinión de la madre.

—Hija, perdona—decía don Rosendo á su mujer;—sabía de antemano que no estaríamos de acuerdo en este asunto, y por eso he prescindido de ti. Á mí me gusta el muchacho; ¿y á ti, hija mía?— preguntó á Charing.

—Sí, papá—contestó la niña esperando resignada una caricia de doña Mameng.

—Pues nada, chiquilla, á componerse, que el novio llega. ¡Á ver cómo manejas el anzuelo!, ¿eh?...—advirtió el padre á la enamorada joven.

Y doña Mameng, furiosa, soltando un escupitinajo de *buyo* (*) y haciendo un

_____

(*) Compuesto de nuez areca, hoja de betel y cal; el sabor es acre, sumamente desagradable; para los indios, delicioso

mohín de profundo desprecio, gruñía
entre dientes:

— ¡ *Castila masamá!*... ¡ *Taman ca*
nang lintic!...

XVIII

Poco tiempo había de transcurrir para que el joven villarrubiés quedase perfectamente iniciado en los más íntimos secretos de la casa de su novia. La familia de don Rosendo era como casi todas las genuinamente filipinas, sin la menor singularidad que la excluyera del carácter general distintivo de la clase. Sin embargo, mucho tenía que llamar la atención de Pepín aquella originalidad de costumbres, producto unas veces de las tradiciones de raza; otras, de la influencia del clima. Ello es que el muchacho veía con harta frecuencia hechos y cosas á que no se hallaba del todo acostumbrado. Indudablemente, la moral de aquellas gentecillas era un poco menos severa que la que el joven había visto practicar á los sencillotes habitantes de Villarrubia.

Aun en ciertas esferas de la vida social del país filipino, no se manifiesta realmente la tendencia que parece más conforme con esa moral acomodaticia y en cierto modo incompatible con la educación evangélica de que hacen público alarde ciertas gentes hipócritas de por acá. Por eso, donde hay que estudiar el carácter, las costumbres, los vicios de esta sociedad heterogénea, es en lo más recóndito del hogar, en el seno mismo de las familias. Ahí es donde únicamente se nos presenta la verdad con esas repugnantes desnudeces, siempre ocultas y artificiosamente disfrazadas ante la perspicacia del observador, que sólo ve fingimiento y refinada gazmoñería en todas las manifestaciones externas.

Y no hay que atribuir semejantes ano-

malías á las condiciones especiales de
esta raza, tan inferior á la nuestra en el
sentido fisiológico, y aun más señaladamente en el orden moral. El indígena,
como elemento intermedio, participa de
los caracteres que principalmente influ-
yen en su progresivo desarrollo. Nosotros, que representamos en Filipinas
el vigor, la inteligencia; en una palabra,
todo aquello en que se funda la razón de
predominio entre una raza superior y
otra raza inculta, sólo tenemos en la
Colonia un escasísimo contingente de
fuerzas efectivas como elemento civili-
zador.

En cambio, China, ese imperio idólatra
y petrificado, ha convertido este país en
un vertedero constante de su emigra-
ción, y vomita sobre el territorio español de la Oceanía una falange de mercachifles que se apodera de todos los
elementos de riqueza. Forzoso es confesar que nosotros pasamos por Filipinas como esos meteoros que no dejan

rastro alguno en el espacio; y si algo
queda como recuerdo de nuestro paso,
es una serie de extravagancias, de errores y de vicios, harto fáciles de asimilar
entre estas muchedumbres anónimas,
ignorantes y semiselváticas, que tan
maravilloso instinto demuestran para la
imitación del mal, y tan poca constancia
tienen para emular el ejemplo de nuestras grandezas, de nuestras virtudes y
de nuestra civilización.

Los hijos del Celeste Imperio, con mayores ventajas y garantías en la legisla-
ción, en número infinitamente superior
al nuestro, invaden el país filipino, sem-
brando la miseria por todas partes; y
cuando ya se deciden á abandonar el
campo, del que se han enseñoreado á su
sabor, y á expensas del cual se han enriquecido, dejan para siempre infiltra-
dos en la sangre, en las entrañas, en todo este organismo social, débil y enfer-
mizo, el sedimento de su abyección, el
germen de su raza odiosa y envilecida,

esos refinamientos de la molicie oriental, en cuyo fondo se esconden todas las
abominaciones de Sodoma. ¡Plegue al
cielo que esta invasión, al presente harto amparada por nuestras leyes protec-
toras y optimistas, no siembre en Filipinas la fructífera semilla del separatismo
y del odio hacia la madre patria!

. . . .

Empresa difícil sería precisar los orí-
genes de raza en la familia de don Rosendo. Su mujer procedía de madre
mestiza de chino y de padre mestizo español: ella sola resumía el germen de
tres razas, tan diferentes por su naturaleza y por su historia. Don Rosendo era
español peninsular, y los hijos una amalgama indefinida y confusa, pero en la
que indudablemente predominaba el sello malayo-*sangley* de la maternidad con
más significativos é indestructibles caracteres.

La historia de don Rosendo, aquel *ca-*
magón empedernido y recalcitrante, es

la peculiar de todos los hombres de su
época. Había ido empleado al Archipiélago en los tan remotos cuanto inol-
vidables tiempos en que se cobraba, durante una travesía de seis ú ocho meses, aquel pingüe y hermoso sueldo ul-
tramarino que permitía á cualquier ciudadano inaugurar una existencia dicho-
sa, espléndida, feliz, en cierto modo, y
no exenta de comodidades, sin preocu-
paciones y sin esfuerzos, y sobre todo sin las horribles y enconadas luchas que trae consigo el arduo problema del vivir en los grandes centros
de la actividad, de la competencia y
del trabajo.

Poco importaba entonces la cesantía.
El país filipino, hospitalario siempre,
podía alimentar á bien poca costa todo
ese contingente humano que hoy pro-
mueve graves conflictos, y que ha de ser
en su día el origen de tremendas revoluciones sociales. Así lo comprendió, sin
duda, don Rosendo, como lo compren-

dieron todos los que saborearon la miel
exquisita de aquellas costumbres patriarcales. Aun ahora, que el país arras-
tra una existencia miserable, el Archipiélago magallánico puede ser la pana-
cea, el refugio, el porvenir de los que
perecen en tierras europeas, ya caducas
y cansadas de producir; y el español que
sea laborioso, inteligente y emprende-
dor, puede, con alguna suerte, labrarse
aquí una fortuna cuando dirige su actividad y sus energías á los lucrativos negocios mercantiles.

Hé ahí el error fundamental de don
Rosendo, que jamás tuvo el suficiente
valor para emanciparse de esa reducida
y enervadora esfera burocrática, tan in-
grata siempre para los que á ella consa-
gran sus aspiraciones y sus esfuerzos
con lealtad y desinterés.

Don Rosendo había tenido, sin embargo, el talento de saber vivir con relativa
independencia. Es verdad que para con-
seguirlo, y en Filipinas mejor que en

parte alguna, basta con hacerse cargo de las cosas y con mirarlo todo, por sistema, con cierta filosofía. Por eso era feliz, á su modo, el bueno de don Rosendo: afrontaba las situaciones comprometidas con la pujante decisión del heroísmo; nada había en el mundo que le intimidase: lo mismo buscaba el pan de sus hijos en la humilde covachuela del amanuense, que en la elevada y confortable posición del funcionario de campanillas. El azar le había llevado muchas veces al pináculo; el azar le había sumido otras tantas en la miseria. Y sólo por esto, y porque sabía que del Capitolio á la roca Tarpeya no hay más que un paso, como tan desdeñosamente dijo el gran Mirabeau, aquel hombre era, por lo menos, un carácter.

De sobra se nos alcanza que un hombre de carácter, en estos tiempos de decadencia, merece ante la consideración pública los honores de varón extraordinario.

El flanco débil de don Rosendo resi-
día en su amor á la familia. Dentro de
aquel hogar operábase en su naturaleza
de Hércules una extraña metamorfosis.
Allí era el *castila* bonachón, dispuesto
siempre á recibir con agrado toda clase de impertinencias. Doña Mameng le
tenía completamente dominado. Aquel
nervudo y esforzado aragonés, que era
ante las luchas del mundo un hombre
capaz de las más grandes resoluciones,
convertíase en manso cordero en presencia de los arranques geniales de su
esposa. El *castila* había hecho una abdi-
cación completa de su autoridad mari-
tal. En aquella casa no había más panta-
lones que los de la furibunda consorte
de don Rosendo.

Doña Mameng era incapaz de toda
previsión en punto á las necesidades
domésticas: dispendiosa, aficionada á
toda clase de golosinas y extravagancias, sempiterna jugadora de *panguin-
gue,* no tenía otra noción de la existen-

cia que el afán de divertirse mucho y de vivir siempre al día.

Charing y sus hermanos habían heredado los refinamientos y las mañas de la madre, sin mezcla alguna de aquella jovialidad de carácter, de aquella rectitud de criterio y de aquellos dinamismos psíquicos que no pudo comunicarles el padre, no ya por el solo hecho de haberlos engendrado, pero ni siquiera con el ejemplo que á diario recibían de aquel viejo bondadoso y verdaderamente digno de veneración.

Así nos explicaremos satisfactoriamente los bruscos cambios de fortuna que experimentaba don Rosendo. Cuando la suerte se le mostraba propicia, vivía con esplendidez: ni doña Mameng ni sus hijos se privaban entonces de los caprichos más caros y más inútiles; gastábase alegremente cuanto ganaba el padre, sin temor á las contingencias del porvenir. ¡Oh! El mañana para estas gentes es un mito. En este país no se

piensa en otra cosa que en el regodeo y
la gula del momento presente.

No importa que los festines de la abundancia se conviertan de improviso en
dilatados ayunos. Dios ha hecho al filipino sobrio y glotón á un mismo tiempo.
¿Para qué sufrir privaciones de lo superfluo en un país donde la naturaleza
es próvida y abundante hasta el punto
de alimentar al hombre una semana
entera con el trabajo de un solo día?
Por fortuna, aquella buena familia sabía
amoldarse á las circunstancias. Cuando
el padre cobraba un pingüe sueldo, debido á una interinidad suculenta, allí no
se carecía de nada. Á fin de mes, quedaba lo comido por lo servido, según la
frase vulgar entre los pródigos del día.
Así resultaba siempre que aquella familia dejaba de comer bien el mismo día
en que don Rosendo firmaba la última
nómina.

Entonces hubiera empezado la crisis,
el sufrimiento, la privación y la lucha

18

en el seno de una familia europea; pero
aquí no se notan nunca los estragos de
la miseria y del hambre. Aquel *barangay,* hasta entonces devorador de los
más exquisitos manjares, volvía á su situación primitiva, sin sentir la menor
violencia en la transición. Con dos *chu-
pas* de arroz, que valen muy pocos cuartos, y con una taza de *gulay,* que le su-
ministraba al fiado el chino de la tienda
de *sari-sari* (*), satisfacían aquellos dichosos mortales las imprescindibles necesidades de la materia.

Así se hacía coraje para la futura tem-
porada de regodeo. Una nueva interinidad saldaba la cuenta del chino é inau-
guraba una era próspera y feliz. Entonces vivía todo el mundo. Las vendedoras
de *bibinca* y *poto-poto* (**) podian contar,
desde luego, con una parroquiana segu-

(*) Tienda de comestibles al por menor, mucho de ello de
ínfima clase, cuando no averiado
(**) Comistrajos del país, nada agradables para la mayor
parte de los europeos.

ra en la casa del simpático *castila*. Se
hacía provisión de *buyo* y de tabaco para
el consumo de doña Mameng; circulaban
los *vales* de don Rosendo en todos los
almacenes de comestibles, y la familia,
no sólo sacaba la tripa de mal año, sino
que se permitía también el lujo de alqui-
lar carruajes *de tres duros por salida*.

Tan extraña manera de vivir había de
ensanchar forzosamente el abismo que
separaba á Pepín de aquella familia original. No se avenía el muchacho á que
Charing imitase en el hogar futuro la
reprensible conducta de aquella mujer
insoportable. Pensar que él había de ser
para su esposa, no el eterno compañero
de su vida, no el amantísimo padre de
sus hijos, sino el *castila,* una especie de
pegote, un manso corderillo dispuesto
siempre á toda clase de sacrificios, era
la idea terrible que constantemente mor-
tificaba su amor propio y su dignidad.
Luego, veía en su futura suegra una
fiera indomable, de la cual no podía es-.

perar otra cosa que el zarpazo sangrien-
to, el odio irreconciliable, la lucha eterna; y esto enfriaba su alma y mataba,
antes de nacer, el amor que indudablemente hubiera engendrado en su corazón juvenil aquella profunda simpatía
que desde un principio le había inspirado la hija de don Rosendo.

Con tan desfavorable preparación en
el ánimo de Pepín, poco tenía que esfor-
zarse su amigo Formigueira para disua-
dirle y alejarle de aquella empresa verdaderamente desastrosa. Don Toribio
le aconsejaba siempre con aquel buen
sentido que tanto avaloraba su condición de hombre experimentado. ¡Ah! El
joven no podía ver en su preceptor un
ejemplo vivo de moral irreprochable, ni
mucho menos la personificación de la
virtud; veía, por el contrario, en el fondo de aquella conciencia misteriosa, la
imagen de todas las deformidades humanas. Pero aquel viejo astuto, á veces
impenetrable, siempre filósofo y escép-

tico, ejercía sobre el pobre muchacho
una influencia decisiva que le subyu-
gaba por modo inconsciente é inexplicable.

Porque don Toribio, ¡eso sí!, no era un
dechado de moralidad, pero suplía con
su talento esas flaquezas á que no todos
pueden sustraerse con la voluntad. Era
aquel hombre, en fin, un excelente dia-
blo predicador que, en apoyo de las buenas causas, sabía manejar con admirable destreza todos los resortes del triunfo. Así hacía prevalecer su opinión en
todo género de discusiones.

En cuanto á lo de ser buena la causa
que defendía, ya lo veremos más tarde en presencia del resultado y de los
hechos.

XIX

¿Habría notado Charing el cambio de ideas y de sentimientos que experimentaba su novio? ¿Vería en la sistemática indiferencia del joven un pretexto vulgar para eludir el compromiso contraído? ¡Ah! No era posible que se atribuyera una acción semejante al hombre que hacía un culto de la formalidad.

Charing, como todas las mujeres enamoradas, no podía comprender el alcance de ciertos actos. Cuando pasaron los primeros días, en que uno y otro tenían muchas ternezas que decirse, comenzó para los novios ese período de ridículas confianzas en que desaparece por com-

pleto la poesía del amor y entra el análisis mutuo de los caracteres, de las aficiones, de la educación y de todas esas
pequeñas miserias y extravagancias que
constituyen

«toda... ¡enterita la comedia humana!»

Pepín había deducido en consecuencia, después de largas observaciones,
que aquella pobre niña le amaba con
verdadero delirio. Las palabras del joven sonaban en el oído de Charing como una dulce melodía. Había llegado á
sentir por él esa ciega idolatría que nos
hace creer en los más estupendos des-
varíos. Dijérase que aquella pobre niña
amaba con el fanatismo de un musul-
mán. Los caprichos del afortunado villarrubiés eran cumplidos como mandatos
inexcusables. Hasta el tono zumbón y
las frases despreciativas con que solía
juzgar Pepín las rarezas de doña Mameng, resultaban justificables á los ojos
de Charing. La excesiva credulidad de

la joven, fruto de su natural inocencia,
era origen de graves indiscreciones.
Algunos días festivos, cuando Charing
salía de misa acompañada de su hermano, pasaba por la calle de Santa Potenciana, con el propósito unas veces de
hacer admirar á su novio la elegancia
de su traje; otras, de informarse de la
colocación de los visillos y del estado de
limpieza de la casa de Pepín, á quien
consideraba, sin duda, como individuo
de la familia. En más de una ocasión se
había atrevido la joven á penetrar en el
entresuelo de su novio, aprovechando
las ausencias de éste y del picarón de
Formigueira. Emilio, el complaciente
hermano de Charing, no veía en ello
nada digno de censura. El objeto principal de aquellas visitas indiscretas era,
como decíamos, evitar que en la casa de
Pepín se notara ese indolente abandono
que caracteriza á las viviendas solteri-
les. Charing aprovechaba aquellos bre-
ves instantes para sermonear á la ser-

vidumbre. Su dominio del tagalog le servía para imponerse y conseguir lo que
ni el joven ni don Toribio alcanzaban
nunca, á pesar de los argumentos contundentes y de los bejucazos con que
solían recordar el deber á los fámulos
perezosos. La furtiva presencia de Charing en aquella guarida del celibato era
notada inmediatamente por sus habitantes ocupadores. Diez minutos bastaban
á la simpática joven para dejar allí ese
sello de delicadeza que imprime la mujer en todo cuanto toca. Lo que aquella
pobre niña gozaba entonces, no hay para qué decirlo. La idea de que algún día
había de scr dueña absoluta de aquel
nido de amor, compensaba sobradamen-
te todas las amarguras que le hacía de-
vorar el irresistible tesón de doña Mameng. Por fortuna no llegó á percatar-
se de estas visitas peligrosas la furibunda consorte de don Rosendo.

Pepín no mostró jamás el menor agradecimiento por semejantes sacrificios.

Si no por creencia propia, al menos por
las sugestiones de Formigueira, el joven sólo veía en las indiscreciones de
su novia el deseo, bien censurable en
una muchacha, de conseguir por medios especiales lo que acaso no logra-
ría nunca por el camino de la más irreprochable corrección; y esto acentuaba
sus prevenciones y su cansancio hasta un punto increíble. Por otra parte,
consideraba que un retraimiento absoluto con aquella pobre niña enamorada
tenía todo el carácter de una estúpida
crueldad.

Tal era la razón en que se fundaba Pepín para seguir frecuentando la casa de
su novia. Bien es cierto que entre ambos solían cruzarse muy pocas palabras.
Pepín había olvidado sin duda el voca-
bulario del amor. Ni siquiera se le ocu-
rrían en presencia de su novia esas
pueriles vulgaridades con que los ga-
lanteadores al uso suelen salpimentar
la conversación, aun con esas mujeres

que resultan en sumo grado indiferentes. Así, cuando Pepín llegaba á la casa de don Rosendo, después de los saludos reglamentarios y de arrellanarse en una mecedora, se contentaba con decir:

—¡Anda, Charito, toca el arpa!

Y mientras la joven tocaba y repetía lo más selecto de su repertorio, creyendo halagar al *dilettante* y sin sospechar que la música era entonces el pretexto para eludir el diálogo amoroso, Pepín saboreaba un excelente cigarro y se entretenía en seguir con la vista las caprichosas espirales del humo.

Alguna vez había llamado la atención de Charing el carácter sombrío y taciturno que, junto á ella, demostraba sistemáticamente su novio. Las interrogaciones de la joven en este sentido hallaban siempre en Pepín una respuesta capciosa y llena de sutilezas. Sus asuntos de oficina, sus rozamientos con el jefe, sus contrariedades domésticas, su comprometida situación económica, la

falta de noticias de España, el fruncido
ceño de doña Mameng: hé aquí las excusas de que se aprovechaba Pepín indis-
tintamente para satisfacer las insistentes preguntas de su novia.

Por otra parte, la lucha interna en
aquella casa subsistía cada vez más hon-
da y encarnizada. La madre de Charing no cejaba en su empeño de que semejantes relaciones terminasen de una
manera definitiva. El instinto feroz de
aquella mujer hacía del odio una encona-
da pasión, que no hallaba su término ni
siquiera ante la solemnidad de la muer-
te. Por eso habían de resultar doña Mameng y aquel joven, á quien se suponía
incrédulo, anticatólico y soez, dos elementos eternamente incompatibles.

La presencia del joven exasperaba
por modo extraordinario el temperamento irritable de la futura suegra. Esto daba ocasión á escandalosas escenas
de familia, que creaban á Pepín una situación cada vez más insostenible. Una

de aquellas noches llegó el villarrubiés
á casa de su novia pocos minutos antes
de la hora acostumbrada. El *barangay*
de don Rosendo no había terminado la
frugal cena que permitía el estado pre-
cario de la familia, y doña Mameng, algo avergonzada, protestó de la inopor-
tuna presencia del joven en términos
bastante duros. Don Rosendo quiso jus-
tificar á Pepín, y esto provocó las iras
de aquella fiera endemoniada.

Una lluvia de imprecaciones cayó de
improviso sobre el paciente *castila*, y,
como fin de fiesta, levantóse airada doña
Mameng, tiró al suelo media vajilla, y
lanzando aquel proverbial anatema de
su raza, el famoso «*Taman cd nang lintic*», corrió á esconderse en su cuarto,
cerrando la puerta estrepitosamente.
Entonces el marido miró á Pepín, y mo-
viendo nerviosamente la cabeza, murmuraba:

—Amigo mío, perdónela usted, que no
sabe lo que se hace. ¡Cómo ha de ser!

Me ha tocado por esposa una bestia indomable. ¡Paciencia, y... barajar!...

Y luego, al ver que su hija lloraba,
como protestando en silencio de aquellas escenas vergonzosas, añadió el veterano combatiente:

—Vaya, chicuela; más alegría y menos pucheritos, ¿eh? La *retirada* intempestiva de tu madre no trae las consecuencias que tú temes: aquí quedo yo
para haceros compañía y para sufrir,
con paciencia las genialidades y los insultos de mi mujer.

Doña Mameng, que oía perfectamente
desde su cuarto las palabras de su esposo, aun más irritada que antes, en el pa-
roxismo de la ira, como si toda la secre-
ción de su hígado enfermo se le hubiera
difundido por las venas, asomábase furiosa, y, clavando en don Rosendo una
mirada amenazadora, gruñía entre dientes las más duras invectivas.

Estos arranques, que no bastaba á reprimir la presencia de una persona ex-

traña, hacían comprender á Pepín cuán
triste había de ser el calvario de aquel
hombre que cifraba su felicidad en el
bien de su familia.

¿Llevaría Charing en el fondo de su
alma el germen hereditario de aquella
mujer irascible y dominada de las más
terribles pasiones? ¿Sería el joven alguna vez víctima de los mismos infortu-
nios y de las mismas contrariedades que
don Rosendo? Estas ideas constituían, á
su pesar, la obsesión permanente de Pepín. Es verdad que hasta entonces no
había podido encontrar en su prometida
el menor fundamento para semejantes
cavilaciones.

La pobre niña se le mostraba cada vez
más dócil y más apasionada. Aquella
delicadeza con que Charing se lamentaba de la frialdad de su novio, envolvía
por modo indudable una gran dosis de
cariño. Pepín solía rehuir esta clase de
explicaciones, porque su natural bondadoso se rebelaba á todo lo que trajese

aparejado un rompimiento á que la joven no daba motivo con su irreprochable conducta. Exigir á Charing la responsabilidad de los actos de su madre, era una tiranía manifiesta. Lo correcto, en sentir de Pepín, era acechar el momento oportuno de eludir el compromiso que le ligaba á aquella familia *sui generis;* y para hacerlo decorosamente necesitaba fundar su conducta en un hecho concreto que afectase directamente á la hija de don Rosendo. Pero Charing, que parecía comprender por intuición las asechanzas de que era objeto, cuidaba de aparecer á los ojos de su novio cada día más incompatible con las intolerancias de su madre. Y ciertamente que no necesitaba grandes esfuerzos para demostrarlo; porque si doña Mameng era toda pasión, toda irascibilidad, toda soberbia, la hija del viejo aragonés era toda dulzura, toda candor y toda sentimiento.

Así, cuando Pepín la interrogaba:

19

—¿Serás tú para mí algún día lo que *esa mujer* es hoy para tu padre?...

Y ella, como quien lucha entre el deber y la inclinación, respondía:

—Me causan un daño horrible esas preguntas. Mamá es buena, y no merece que la trates con tanto desprecio. Tiene el carácter algo fuerte; pero todo se le pasa en seguida.

—Conque en seguida, ¿eh?...—repuso Pepín con mortificante sorna.—Pues, Charito, yo no puedo decir otro tanto. Ya tú ves: hace tres meses que yo vengo á esta casa, y aun estoy aguardando la absolución de tu madre. ¡Gracias que la espero sentado, y oyendo música!... ¿No te parece?...

—Lo que me parece es que exageras demasiado. Además, debes tener en cuenta que tú la has herido en la fibra más sensible: una mujer educada, como lo está ella, en el santo temor de Dios, es natural que odie á ciertos jóvenes descarriados... En fin, tú ya me entiendes...

—No, vida mía, te equivocas. Yo no entiendo una palabra de lo que dices...

—Quiero decir, vamos, que mamá es muy religiosa, y tú... ¡sabe Dios lo que serás!...

—Me sorprende que lo dudes—dijo Pepín frunciendo el entrecejo.—Yo soy un hombre honrado que no transige con la hipocresía, ni necesita darse golpes de pecho para proceder como es debido... ¿Estamos?...

—Sí; pero...

—¡No hay 'pero que valga! Tu madre será muy santa y muy humilde en la iglesia; pero en cambio aquí, donde se podía ver á la buena cristiana dando ejemplo á sus hijos y respetando á su esposo, resulta una fiera, que debería enjaularse para evitar que nos saque los ojos y nos devore las entrañas...

—¡Jesús, qué horror!... ¡Por lo que más quieras, Pepín!... Piensa que se trata de mi madre, y yo...

—Y tú, ¿qué?..,

—¡Vaya, que no puedo consentir que
la trates de ese modo!

—La trato como se merece. ¡No faltaba más!...

Hubo una breve pausa. Charing con-
tenía los sollozos que anudaban su gar-
ganta, mientras Pepín, en un arranque
de soberbia, tan extraña en él, añadió:

—Eso quiere decir, sencillamente, que
te parece muy bien la conducta de tu
madre, y que piensas sin duda hacer lo
mismo algún día... ¿No es así?...

Charing cubría el rostro con el pañuelo. Al no obtener respuesta, el joven, con despecho, dijo:

—Pues, hija; con tu pan te lo comas.
¡Desde este momento estoy de más en
tu casa!...

Y, acompañando la acción á las palabras, levantóse Pepín súbitamente. La
pobre mártir, porque realmente lo era,
no pudo reprimir entonces el impulso
de sujetar al joven, y exclamó con lágrimas en los ojos:

—¡Por Dios!... ¡Por Dios, no te vayas!...
Si me quisieras un poco, no provocarías
estas cuestiones tan desagradables. Tú
buscas sin duda un pretexto, y has creído encontrarle de esta manera. ¿Por
ventura resulto mejor á tus ojos menos-
preciando á mi madre? Pues así lo haré,
si me lo exiges. Después del sacrificio
que me he impuesto por ti, nada me importa en el mundo... Dado el primer paso en el terreno de las concesiones, es
inútil retroceder... ¡Exige!...

—¿Exigir yo? ¡Líbreme Dios de absurdo semejante! — contestó Pepín, visible-
mente emocionado ante la abnegación y
la humildad que envolvían las últimas
frases de la enamorada joven. Y luego,
suavizando el tono, casi con expresión
cariñosa, añadió:

—Lo que deseo saber es si te hallas
dispuesta á imitar...

Y Charing, sin dejarle concluir la frase, dijo:

—¡No insistas en eso, hombre! Dema-

siado sabes lo que yo seré siempre para ti...

—No lo sé, me lo figuro...

—Pues si te lo figuras, ¿á qué mortifi-
carme con tan horrible insistencia?

—No hablemos de mortificaciones, porque yo sufro más que tú. Si no te quisiera, ¿cómo había yo de aguantar las groserías y los desprecios de tu madre?...

—Algo habías de hacer en compensa-
ción de mi cariño—repuso Charing con
una sonrisa que parecía borrar de su
alma la huella del dolor que le produje-
ran las violencias y los desdenes de su
novio. Y luego, creyendo la pobre niña
conjurado el conflicto, y asiendo suave-
mente de una mano á Pepín, le dijo con
ternura suplicante:

—Vamos, ¿no te sientas?

—Sí; aquí estoy. ¿Qué quieres?...

—¡Que no te vayas y que no me repitas
la amenaza de esta noche! Tú no imagi-
nas el daño que me haces... ¡Ay! Te
quiero con idolatría, y si te vas, creo

que me hubiera vuelto loca. ¿Verdad que no te irás?...

—¡Vaya; llegó la hora de las ternezas!, ¿eh?...

—¡Ternezas! ¡Esa bendita hora no llega nunca para mí! Yo no me explico lo que á ti te pasa: ó no me quieres nada, ó has variado mucho de carácter. Antes tan alegre, tan bromista... Ahora...

—¡No hagas caso! Cuando el país se le viene á uno encima, como me pasa á mí, se hace atrabiliario y regañón el carácter más dulce; y esto me pasa siendo un muchacho todavía... ¡Figúrate lo que seré cuando envejezca! ¡Una calamidad! En fin, chica, que no te convengo...

—Así y todo, me gustas. Y si eres regañón, tendré paciencia y te querré con todo mi corazón. ¿Y tú, Pepín?...

—¡Vaya, vaya: no tengo para qué regalarte el oído ahora! ¡Toca un poquito el arpa!... ¡Ah! Y canta aquello de:

« Sanfaguita gentil, que halagas
con tu aroma las pilifinas. »

›Así quedó conjurada aquella tormenta de verano, preludio acaso de futuras tempestades.

Cuando abandonó Pepín la casa de su novia, pensaría de seguro:

—«Pues, señor..., ¡hay que convenir en que el arpa es un gran recurso para los amantes hastiados!»

XX

—Esa mujer acabará por arañarle á usted—era la frase habitual con que solía resumir el bribonazo de Formigueira las discusiones que, con frecuencia, suscitaba al joven villarrubiés respecto de las intolerancias y groserías de la madre de Charing.

Y tampoco en esto dejaron de cumplirse los vaticinios del abogado pontevedrense.

No necesitaba Pepín hacer á su amigo el relato de cuanto le ocurría en casa de su novia. El expresivo semblante del joven reflejaba con tanta claridad sus impresiones, sus ideas y sus sentimientos, que difícilmente podía sustraerse Pepín á la curiosidad y á las insistentes preguntas de su amigo, la noche en que se verificó la última catástrofe.

—Cuente usted, cuente usted, buena pieza—insinuaba el vejete clavando en el abatido joven sus pupilas intensas y escrutadoras.

—¡Nada, no ha ocurrido nada!—contestó bruscamente Pepín, mientras procuraba desasirse del curioso, que le tenía cogido de un brazo.

—El trueno gordo, ¿eh?...—insistió Formigueira.—¡Si se lo tenía previsto!...

—¡Jesús, qué pesadez!... Ya he dicho que no me ha ocurrido nada—contestó el joven sin poder disimular su profunda emoción.

—Á mí no me venga usted con tapujos. Á usted le pasa algo, y algo muy grave por cierto. ¡Si no podía ser!... Bien dije yo que con esa señora no se puede ir ni á coger monedas de cinco duros... Vaya, socarrón, no me lo nie-

gue: usted ha regañado con la futura
mamá suegra. ¿Me equivoco?...

—Pchs... Un disgustillo pasajero..., y
nada más—repuso Pepín con afectada
tranquilidad.

—Vamos, dejémonos de bromas, y se-
pamos lo ocurrido—insistió don Toribio
al ver á su amigo con cierta comezón de
contar la última hazaña con todos sus
cómicos detalles.

—Pues lo ocurrido es, simplemente, lo
que yo temía y deseaba al mismo tiempo.
Figúrese usted que cuando entré esta
noche en casa de mi novia, acababa doña
Mameng de armarle una pelotera muy
gorda á su pobre marido. ¡Ah! De pocos días acá se ha hecho insoportable
esa buena señora; y no me cabe duda de
que el origen de la cuestión ha sido,
como casi siempre, el dichoso noviazgo:
creo esto, porque en cuanto me vió doña
Mameng, dijo á su marido con cierto re-
tintín: «¡Aquí tienes al botarate que ha
cometido esa felonía con tu hija!» Yo

quedé al pronto sorprendido; luego, haciéndome cargo de mi comprometida situación al fijarme en el fruncido ceño de aquel hombre, donde bien claramente leía yo esta frase: «Lo sé todo», no supe qué correctivo emplear con aquella mujer que con tan mortificante desprecio me increpaba. Mi silencio irritó sin duda á doña Mameng, y con rabiosa indignación me dijo: «¡Es usted un miserable y un canalla!» Entonces sentí que una oleada de sangre invadía mi cerebro, y, sin darme cuenta de lo que decía, contesté una injuriosa desvergüenza.

—Pero, criatura, ¿qué ha hecho usted?—interrumpió don Toribio llevándose las manos á la cabeza.

—No lo sé; lo que pasó entonces es que creí que me sacaba los ojos aquella suegra de *caballería*—continuó Pepín, fingiendo dar á su relato un carácter acentuadamente cómico;—siguieron las increpaciones de ambas partes, y hubo un momento en que doña Mameng, con los ojos fuera de las órbitas y echando espumarajos de rabia, se precipitó hacia mí en actitud amenazadora. Yo no sabía si reirme ó enfurecerme también, porque la verdad es que el asunto se prestaba á cualquier cosa. No lo tomó tan á chanza doña Mameng, que, al ver que yo me reía de su ferocidad, creció en bríos y levantó nerviosamente una silla para rompérmela, sin duda, en la cabeza...

—¡Caracoles!—volvió á interrumpir el vejete.

—¡Ah! Pues no sabe usted lo mejor: ¡que si no la sujeta el marido, consuma *mi suegra* la suerte del silletazo!...

—¡Hombre, hombre; es curioso el lance!...

—¡Y tan curioso! Ya ve usted si lo será, que me prometo no presenciarlo otra vez: amigo mío, esa señora es de las que pegan, y, francamente, le he cobrado un miedo cerval.

—Lo comprendo, lo comprendo—insinuó don Toribio.

—Por fin, doña Mameng parece que
desistió de sus *criminales* propósitos.
El pobre marido, amilanado y hecho un
ovillo de confusiones, que dijo el otro,
no sabía cómo tranquilizar á su enfure-
cida consorte. Mi novia lloraba á grito
pelado, sin atreverse á intervenir en la
reyerta; los vecinos curiosos se asoma-
ban á los balcones para enterarse de lo
ocurrido; los transeuntes aficionados á
estas novelerías formaban corros en la
calle, entregándose á los más vivos comentarios; la guardia Veterana en la es-
quina, esperando sin duda que termina-
se aquella batalla campal para asistir al
levantamiento de los cadáveres... Y á
todo esto, doña Mameng no cesaba de
gritar como una loca, llamándome infame, indecente, canalla..., ¡qué sé yo! Y á
don Rosendo le ha puesto de calzonazos,
de mal padre, de *castila masamá* y de
otras lindezas por el estilo, que no hay
por dónde cogerle; le juro á usted que
me dieron intenciones de empezar á so-

papo limpio con aquella furia desenfre-
nada...; en fin, que el escándalo ha sido
mayúsculo, y mañana seremos el más
sabroso pasto de la murmuración en
esta siempre noble é ilustre ciudad clá-
sica de los chismes y de los cuentos.
Voilà tout, amigo Formigueira.

—¡Se lo tenía pronosticado, criatura!...

—¡Ay, amigo mío! Bien sabe Dios que
no tengo yo la culpa de todo cuanto
pasa... Yo deseaba terminar estas relaciones; pero al mismo tiempo sentía dejar *así* á esa pobre muchacha; porque
¡si usted supiera lo más grave!...

—Todo me lo figuro. Habrá usted hecho alguna barrabasada. ¿No es eso?...

—Barrabasada, no; locura, acaso, sí.
Esa desdichada me ha precipitado, y
yo...

—Y usted se sacude las pulgas, y...
¡Cristo con todos!

—No; yo debo portarme como un caballero.

—¡Desdichado! ¿Y qué piensa usted hacer?...

—Amigo don Toribio, lo que me aconseje mi conciencia.

—Pero ¿ha meditado usted la gravedad del caso?

—Ante el deber, no hay meditación posible. ¡Me caso con Charing!...

—Pero diga usted: el escándalo de esta noche, ¿obedece exclusivamente á *eso?*...

—Á *eso* precisamente, amigo don Toribio.

—¡Dios mío, qué vergüenza! Entonces...

—Entonces, ¿qué?...

—Que de ninguna manera le aconsejo que se case. Sería usted la segunda edición de ese infeliz de don Rosendo. Entre ese matrimonio y el suicidio, es preferible... ¡el suicidio!

—Pues á pesar de todo, no tendré más remedio que rendirme á las primeras intimaciones de esa familia. Charing me quiere, y, si bien se mira, ni ella ni su padre son responsables de las extravagancias de esa mujer. Además, yo no he de vivir con mis suegros, y si me someto, será con la condición de que doña Mameng no ponga jamás los pies en nuestra casa.

—Y don Rosendo, ¿no le ha dicho á usted nada?...

—Nada, ¡ni esta boca es mía! Pero le aseguro á usted que su silencio me ha hecho muchísimo más daño que las bravatas de doña Mameng.

—¡Pobre hombre!...—murmuró enternecido, acaso por primera vez, el escéptico pontevedrense. Y después de una breve pausa, añadió:

—Pero lo que yo no concibo es que hagan ustedes ciertas cosas con tan poca precaución.

—De alguien me había de fiar—repuso cándidamente Pepín.

—¿Y no sospecha usted de nadie?...

—Sí; sospecho de todos los criados;

20

señaladamente de uno muy feo, picado
de viruelas, á quien tuve que hacer mi
confidente. Se llama Simeón...

—¡Basta, basta!...—gruñó Formigueira, apretando furiosamente los puños.—
Conozco á ese granuja, y en cuanto me
le eche á la cara, le deslomo de un bas-
tonazo.

Cosa rara parece que aquel hombre,
verdadera personificación de la frialdad
y del escepticismo, quisiera vengar á
Pepín de la miserable traición de que
había sido objeto.

¿Habría sospechado la fina perspicacia
de don Rosendo que aquella supuesta
traición del fámulo no podía ser, en el
fondo, más que una emboscada en toda
regla?

XXI

UNA CARTA

Después de aquella escena tan poco
edificante, había resuelto el joven no
volver á casa de su novia. Ésta no podía familiarizarse con la idea de una se-
paración definitiva, después de haber
entregado al hombre á quien amaba con
delirio lo que constituye el más precia-
do tesoro de la mujer. La pasión que
Charing sentía por su novio, no podría
vivir por mucho tiempo oculta á través
de las hipocresías mundanas. ¿Quién ig-
noraba su deshonra? Acaso nadie, aunque todos fingieran darse por convenci-
dos de que el rompimiento obedecía á
una simple incompatibilidad de caracteres.

Pepín temía en un principio salir de su casa, avergonzado de su ligereza, huyendo de aquellos falsos amigos que le asediaban con mortificantes insinuaciones, ó temiendo sin duda encontrarse frente á frente con aquel hombre honrado á quien había hecho tan inicua traición. El libro y el cigarro, esos leales confidentes de los que abominan de las ridículas vanidades del mundo, no bastaban á disipar de su imaginación febril una idea terrible que constantemente atormentaba su alma.—«¡Ah!—se decia algunas veces.—Yo no debo abandonar á esa pobre criatura, llevando sobre mi conciencia la enorme responsabilidad de su eterna desgracia. ¡No!... Repararé mi error: es mi deber. Además, ¿qué pensaría de mí ese hombre, de cuya confianza he abusado inicuamente?... Diría con razón que soy un miserable, y esto, ¡vive Dios!, no quiero que lo diga nadie de mí... ¿Llevará Charing en sus entrañas el fruto de nuestra ligereza?... Este presentimiento es mi más horrible torcedor... ¡No quiero pensarlo! Semejante idea me abruma y me vuelve loco... Entonces sería más vergonzosa su caída y más grande mi delito. ¡Pobre Charing!... ¡Qué calvario la espera con esa mujer infernal!... La compadezco... Y ¿qué hacer ahora, Dios mío?... En fin, allá veremos por dónde salgo de este apuradísimo trance... Á lo hecho, pecho y... ¡Cristo con todos!, como dice el tunante de Formigueira.»

Así, entre dudas, remordimientos y vacilaciones, pasaron los quince días siguientes á la última catástrofe provocada por doña Mameng.

La impaciencia y los temores de Pepín se acentuaban á medida que el silencio de la familia de su novia se prolongaba, haciendo más indefinida su situación.

Pocos días después recibió el joven una carta; era de Charing, y decía lo siguiente:

«Pepe de mi vida: No me culpes de tan
dilatado silencio. Desde la última noche
que estuviste á verme, noche por cierto
de bien triste memoria para mí, he estado bastante enferma: ahí tienes la causa
de no haberte escrito antes, como hubiera sido mi gusto. Dios ha querido sin
duda probar hasta dónde alcanza mi paciencia, y yo, que así lo creo, me resigno á todo género de contrariedades y
desventuras. Si en justo premio á mis
amargos sacrificios llego á ser tuya ante Dios y ante los hombres, no me inti-
mida el sufrimiento. Á lo que no podría
resignarme es á no verte en mucho
tiempo, porque tu ausencia es mi mayor
martirio. ¡Si supieras cuánto he llorado
estos últimos días!... Papá está muy serio conmigo, y mi mayor desesperación
es saber que el infeliz sufre por causa
mía. Él, que ha sido siempre tan afable,
tan alegre, tan bromista, está ahora que
no se le puede mirar. ¿Le has visto por
ahí?... ¿Te ha dicho algo?... ¡Ay, querido

mío! Me devora la impaciencia por verte. No seas ingrato conmigo, después
de lo que ha pasado entre nosotros. No
olvides que te quiero con toda mi alma,
y que me moriría si supiera que ya no
piensas en tu pobre Charito.

»No quiero hablarte de lo que me mor-
tifica mamá, porque me consta el horrible daño que te causaría saber lo que
sufro por quererte. Yo la perdono, porque, al fin y al cabo, es mi madre... ¡Per-
dónala tú también!...

»Hace unos cuantos días que siento
una cosa muy rara: todo me fastidia y
me ocasiona una invencible repugnancia. Como he perdido por completo el
apetito, y lo poco que como no me para
un momento en el estómago, estoy cada
vez más débil y sufro unos desvaneci-
mientos atroces. ¿Qué será esto, Pepe
mío?... ¡Ay! Yo creo que en cuanto te
vuelva á ver me pondré completamente
buena.

»Dice Emilio que no sales de casa.

Algo me consuela la noticia; porque si
no fuera por esto, no me explicaría la
causa de no haber pasado por aquí, según era tu costumbre. ¿Estás enfermo?
Por Dios, Pepe de mi alma, no dejes de
escribirme largo, muy largo. Mi hermano irá á recoger tu carta, porque, de otro
modo, dudo que llegara á mi poder.

»Adiós, vida mía, ingrato de mi corazón; no olvides á esta pobre enamorada,
que te envía un cariñosísimo beso.

»Tuya siempre,
CHARITO.»

Esta carta aclaró por completo las dudas de Pepín: ya no quedaba, á su juicio,
otra solución posible que amparar á
aquella pobre niña en su deshonra. Entonces, cuando, ya decidido á someterse,
pensó en los medios de realizar aquel
acto que se imponía con tan angustiosa
perentoriedad, surgió para el cuitado,
aún con más sombríos caracteres, el pa-
voroso problema de su situación económica. Abrumado de deudas, sin crédito,

sin una mano amiga que le brindara am-
paro en tan críticas circunstancias, con
su miserable sueldo de funcionario de
última fila, mermado por aquella maldita
retención que no se acababa nunca, entre capitalizaciones de intereses acumu-
lados y esas mil componendas con que
la usura absorbe poco á poco y hasta la
última gota la sangre de sus víctimas:
tal era la situación de aquel desdichado
joven en vísperas de contraer las pesadas obligaciones del matrimonio, en estos tiempos de la opulencia ficticia y de
la vanidosa exterioridad.

Pepín apelaba inútilmente á todos los
recursos imaginables; dijérase que el
dinero huye de los necesitados como lie-
bre perseguida por los podencos. En
cuanto á Formigueira, también consideraba inútiles las intentonas. Ni el vejete habíase mostrado jamás propicio
á cierta clase de desprendimientos, ni
querría, de seguro, poner sus ochavos
al servicio de una causa que él había

combatido con verdadera tenacidad: no
le quedaba, por lo tanto, á Pepín, respecto de su amigo y convivente, ni siquiera la esperanza de un buen consejo.
Sabía el joven, de antemano, la opinión
de su compañero, y la insistencia en
asunto tan enojoso para ambos, dados
sus diferentes puntos de vista, era ma-
chacar en hierro frío, ó dar, simplemente, coces contra el aguijón.

Alguna vez habíasele ocurrido á Pepín oponer semejantes razonamientos
para eludir el compromiso moral que le
ligaba á la familia de don Rosendo. Pero
esto tenía, para él, todo el carácter de
una vergonzosa cobardía. Pensaba que
tan fútiles pretextos quedarían destruí-
dos con un ofrecimiento previo de los
padres de Charing, en virtud del cual se
aviniera el joven á vivir con sus suegros
hasta que su situación mejorase y pudiera instalarse independientemente.—
«Pero ¿cómo aceptar yo ese ofrecimiento, que me obligaría á una convivencia

detestable?—se decía.—¡Ah! Eso es imposible, y, además de imposible, depresivo para un hombre como yo...»

Por lo visto, el problema no resultaba de fácil solución. Tenía que ser, forzosamente, obra del tiempo y de las circunstancias.

Y á ellas se entregó en cuerpo y alma el desventurado hijo del señor Pascual

XXII

CONSUMMATUM EST

Las manifestaciones propias del estado de Charing tenían que ser cada vez
más ostensibles: por esto, no tardaría
mucho aquella familia en hacerse cargo
de la urgencia con que la situación harto comprometida de la joven demanda-
ba la consagración de los hechos consu-
mados por medio de la bendición sacerdotal.

Don Rosendo, á quien en justicia no
podía atribuirse la más mínima parte de
responsabilidad en todo lo ocurrido, no
mostraba grandes empeños en obligar al
joven á una reparación inmediata, usan-
do de los procedimientos de violencia

que le aconsejaba doña Mameng. Creía, por el contrario, aquel pobre hombre que todo debía esperarse de los impulsos naturales del seductor, á quien suponía incapaz de un acto abominable.

Pero las impaciencias de aquella madre por ver á su hija *colocada* llegaron hasta un punto increíble. Constantemente instigaba á su marido á todo género de tentativas, á cual más á propósito para dar ocasión á nuevos y ruidosos escándalos. Aquel bodorrio á cencerros tapados, que tanto lisonjeaba la estúpida vanidad de doña Mameng, sería el ósculo de paz, el ramo de oliva y el origen de grandes conciliaciones domésticas. Ya no aborrecía doña Mameng al autor de la deshonra de su hija: aquella mujer había aguardado para transigir y perdonar ese crítico instante en que tan bien sienta á las madres la pasión del odio y la venganza. Y ¿qué importaban las murmuraciones? Nada, ó muy poca cosa, si se tiene en cuenta que el hecho

no podía maravillar á nadie en un país
donde semejantes procedimientos parecen admitidos como moneda corriente.
Para llegar al fin apetecido, se le ocu-
rrían á doña Mameng no pocos medios
que consideraba eficacísimos: primero,
la intimación amistosa; más tarde, la
amenaza violenta; en último término,
hasta los tribunales de justicia.

No era extraño que don Rosendo mostrase verdadera repugnancia para adop-
tar el procedimiento que le proponía su
esposa. El infeliz recordaba con amargura que él había sido igualmente víctima de tan burdos amaños: aquella mujer soberbia, viciosa, insufrible, le había
fingido también mucha humildad y mucho cariño; su primer hijo era el fruto
de otro desliz hábilmente preparado.
Por esta razón, aquel hombre de bien
se resistió cuanto pudo para conseguir
que la infamia se consumase por completo, sin su intervención directa, como
padre de la novia.

Doña Mameng, no pudiendo extremar
los violentos recursos á que natural-
mente la empujaban sus inclinaciones
perversas, ideó una nueva forma de re-
ducir al *infame,* utilizando las influyen-
tes gestiones de un sacerdote. Para ello,
tuvo el acuerdo de elegir á su confe-
sor y particular amigo Fray Ignacio de
Rueda, hombre famoso, no tanto por sus
virtudes y su sabiduría, como por sus
prendas de carácter y por las simpatías
de que gozaba entre las devotas del
montón. Obeso, francote, decidor, enemigo encarnizado de los amancebamien-
tos y, en su consecuencia, casamentero
punto menos que por manía.

Como el Padre Ignacio solía frecuen-
tar la casa de doña Mameng, á la que
llevaba con sus sencillas exhortaciones
grandes consuelos corporales y espiri-
tuales, la cristiana señora no tardó en
poner en práctica aquella feliz ocurrencia. Enterado el fraile de lo acontecido,
mostró grandísimo disgusto por lo que

con ello padecían la moral y las buenas
costumbres, y no vaciló en tomar á su
cargo la gestión del asunto cerca del
hombre que tan villanamente había des-
honrado á una inocente criatura. ¡Cómo
había de eludir semejante encargo el ac-
tivo religioso!... ¡Ah! No era posible que
Fray Ignacio incurriera en la gravísi-
ma responsabilidad de los grandes da-
ños que sufriría la religión y el decoro
de aquella familia que, con tan piadosa
devoción, había cumplido siempre los
preceptos de nuestra Santa Iglesia Católica Apostólica Romana.

Cuando se le anunció á Pepín aquella
visita sacerdotal, comprendió que era
llegada la hora del sacrificio. El Padre Ignacio se presentaba á Pepín como
nuncio del juicio final. Pero ya estaba
el joven convenientemente preparado:
había vivido hasta entonces en el Pur-
gatorio, y se resignaba humildemente á
entrar de cabeza en el Infierno. Allí le
esperaba sin duda doña Mameng, dis-

21

puesta á purificar su alma con todo género de suplicios infernales.—«¡Ah! Si
al cabo me hago digno de la misericor-
dia divina, nada me importa el sacrificio
que me impone mi mala estrella - decía
el joven con una sonrisa irónica que re-
velaba sus grandes amarguras.—Al lado de mi suegra, ganaré el cielo, ¡qué
duda cabe!... ¡Valiente ganga me traerá
este frailote!...»

Pepín conoció de sobra con quién se
las había. El Padre Ignacio era popula-
rísimo en Manila.

—¡Adentro, adentro, querido *Pater!*—
gritaba Pepín desde su cuarto.

—Sentiría haber sido inoportuno... Es
una hora tan intempestiva... ¿Qué tal?...

—Ya usted lo ve: tan terne como siempre. ¿Y usted?...

—Así, así. No me encuentro bien del
todo.

—Pues, ¿y eso?...

—Achaques de la vejez, amigo mío.

—¡Pero, por Dios, *Pater!* ¡Si está us-

ted hecho un muchachote, que nos da
quince y raya á los jóvenes del día!...

—¡Adulador!... ¡Invencionista!—dijo el
Padre acariciando al joven con suaves
golpecitos en el hombro.

—Aquí hay una mecedora, Padre Ignacio; siéntese.

—No, no: aquí estoy bien. Muchas gracias.

—Pues.. ¡usted cuidado!... ¿Qué toma
usted?... ¿Cerveza, algún licor, una li-
monada?...

—No, gracias: no es mi hora.

—Usted es hombre de método... Vamos, ¿qué le trae á usted por esta choza?...

—Asunto grave, amiguito. Ustedes se
figuran que en este país se pueden hacer tonterías impunemente, y no es así.
¿Me explico?...

—No del todo. Pero, en fin, ya se ex-
plicará usted mejor... ¡Adelante!

—Es el caso que traigo una misión
bastante enojosa...

—¡Hombre, hombre! Empieza usted como los padrinos de un duelo. Siga usted con esa misión *enojosa.*

—Pues vengo á decirle, sencillamente, el encargo que me confía *esa* familia... ¿Me explico?...

—Pero ¿quién es *esa familia,* Padre?— interrumpió el joven tomando á chacota las severas palabras de Fray Ignacio.

Y éste, algo amostazado, añadió:

—¡La familia que hoy llora avergonzada la deshonra de una hija! Y yo vengo á saber, en nombre de la religión y de la moral, si se halla usted dispuesto á cumplir sus deberes de conciencia como un caballero, ó si, por el contrario, piensa usted abandonar á esa desgraciada joven en el vergonzoso trance en que hoy se encuentra. ¿Me explico?...

—Sí, Padre: ¡un poco mejor que al principio!—dijo Pepín con marcadísima sorna.

—Pues entonces..., ¡hable usted!—insistió el fraile con brusca severidad.

Pepín, comprendiendo que tenía enfrente un carácter demasiado enérgico, pensó: — «Á este hombre hay que pararle los pies, porque si no, es muy capaz de darme una paliza.»

Y luego, con expresión acentuadamente dura, dijo:

—Lo que yo deseo saber, Padre Ignacio, es si le han encargado á su reverencia que me exhorte ó que me amenace. ¡Entendámonos!...

—¡Eso no viene al caso, señor Fernández!

—Comprenda usted que la forma empleada no es la más conveniente en estos casos, y yo no puedo tolerar que se me trate de esta manera...

Y el fraile, achicándose y moderando su fingido enojo, replicó:

—Ya conoce usted que mi carácter es así: al pan pan y al vino vino, como dicen por allá... ¿Me explico?...

Y soltó el Padre su estribillo por cuarta vez.

Pepín, riéndose del ¿*me explico?* del religioso, asintió de este modo:

—Sí, Padre: ¡se explica usted como un catedrático!

—Conque ¿en qué quedamos?—insinuó el buen Padre con familiaridad.

—En que lo pensaré—repuso seriamente Pepín.

—Pues la cosa tiene poco que pensar: mire usted que la chica muestra síntomas alarmantes, y no conviene retardar mucho el remedio.

—Sí, Padre; pero, dada mi situación, el remedio sería peor que la enfermedad. Crea usted que aunque quisiera casarme, no podría...

—¿Por qué?

—Pues, sencillamente, porque no tengo una peseta.

—Por eso no hay que apurarse; todo se arreglará. Yo tengo dinero para lo que sea necesario. Por de pronto, se salva el inconveniente con ir usted á casa de los *papás:* ¿me explico?...

—Eso de los *papás* es lo único que
me tiene seriamente preocupado. Si no
fuera por doña Mameng, ya estaría todo
hecho, sin necesidad de excitaciones de
ningún género.

—Vaya, no hay que pensar en tonterías. En cuanto usted se case, todo se
olvida. Tendrá usted una suegra más
suave que un guante.

—Sí, sí; que un guante con espinas,
¿eh?... Lo comprendo.

—Vamos..., no sea usted criatura.

—No lo seré, cuando estoy dispuesto á esa *hombrada* que usted me pro-
pone.

—Pues, amigo, el que la hizo, es justo
que la pague. ¿Me explico?...

—Hasta cierto punto.

—Vaya, ¿en qué quedamos?...

—En que no sé qué decirle á usted.

—Pues muy sencillo: ¡que sí!

—Bien; pero hay un inconveniente.

—¡Otra qué Dios!... (El fraile era de
Belchite.)

—Pero, hombre, ¿cómo me voy á casar sin permiso de mis padres?...

—¿Qué edad tiene usted?

—Veinticuatro años.

—¿Tiene usted la partida de bautismo?

—La tengo.

—¿Y la certificación de libertad de quintas?

—También.

—Pues todo lo demás corre de mi cuenta. Yo arreglaré el expediente en el Provisorato. ¿Me explico?...

—¡Vaya si se explica usted!...

—Pues entonces hasta la vista.

—Sí, ya nos veremos, Padre.

Y cogiendo Fray Ignacio su *palasan* y su sombrero de teja, salió del entresuelo con aires de triunfo y satisfecho de su *hábil* diplomacia.

Pepín, entre tanto, pensaba:

—«Pero, señor: ¿cómo se le habrá ocurrido á mi suegra mandarme un emisario de esta catadura?... ¡Y el hombre dirá que me ha convencido! ¡Ah! Si

Formigueira lo supiese, se tiraría de los pelos. Decididamente, su política ha fracasado. Al fin, me suicido, es decir, ¡me caso, y sea lo que Dios quiera!»

. . . .

Pocos días después, anunciaba la prensa de Manila la boda de «la bella y virtuosa señorita doña Rosario Acosta con el entendido funcionario de Hacienda don José Fernández Rivero».

XXIII

CONCLUSIÓN

De entonces acá han transcurrido algunos años. No busquemos en el protagonista de este libro al joven de las ilusiones candorosas y de los nobilísimos propósitos; aquel que salió de Villarrubia empujado por sus instintos de aventurero y por su inmoderado afán de conocer el mundo. Acaso haya realizado su ideal, después de las adversidades sufridas en unos cuantos años de incesante lucha.

¡Pobre Pepín!... Á cambio de las tristes experiencias, de los negros pesimismos, de los amargos desengaños, ha dejado entre las agudas zarzas del veri-

cueto social ese rico tesoro de ilusiones
y de esperanzas que constituye el más
fecundo manantial del bien y el más reparador consuelo de nuestras almas.

¡Ah! ¡Cuánta razón tenía don Toribio,
aquel pícaro viejo sin religión y sin entrañas!...

En el transcurso de un breve lapso de
tiempo, ¡qué de amarguras no han des-
trozado aquel corazón juvenil, abierto
siempre á los más puros sentimientos!...
La cesantía con su interminable séquito
de privaciones y estrecheces; aquel matrimonio absurdo que le condenaba á
una convivencia detestable; el clima filipino con sus pertinaces enervamientos...
todo se fué volcando sobre aquella cabeza varonil con abrumadora insistencia.
Amontonados en su camino tan insuperables obstáculos, Fernández no podía
menos de caer bajo los escombros del
edificio levantado por la soñadora fantasía del vencido.

La naturaleza, siempre próvida, le

había enviado sus primicias en numerosa prole: la sociedad, siempre mezquina,
le negaba su apoyo, arrebatándole los
elementos esenciales de la vida.

Entonces comenzó esa terrible lucha
que tarde ó temprano acaba con todas
las energías del espíritu. Sin dinamismos psíquicos, sin voluntad pujante, sin
esperanzas de victoria, sin fe en el porvenir, ¿qué nos resta ya de aquel hombre arrastrado por la fatalidad hasta los
últimos límites de la degradación humana? La miserable envoltura de una bestia domada; el cuerpo sin alma, pedazo
de materia que se mueve como un cadá-
ver galvanizado; la escoria vil que se
precipita inconsciente en ese vertedero
de la inmundicia social, adonde va toda
la carne que sobra...

¡Y quién sabe si es hoy feliz á su manera aquel hombre que priva á su patria de un corazón noble y acaso de una
inteligencia vigorosa!...

Sí; el que hasta ahora ha merecido de

ti, lector benévolo, aquel cariñoso dimi-
nutivo por el que le veníamos conociendo desde su salida triunfal de Villarrubia, es hoy un *filipón* en toda regla, al
que debemos tratar con cierta cortesía.
Don José es un afortunado padre de numerosa familia, y tiene una mujer indus-
triosa que le permite holgar cuanto le
place. Apartado súbitamente del yunque
á que había consagrado toda su actividad, no le quedaba un resto de energía,
un recurso supremo con que afrontar la
situación tristísima que le creaba aquella contrariedad, nunca inesperada para
los hombres previsores. Entonces se dejó
vencer sin lucha: aquel desdichado no
sabía, ni quería saber otra cosa que vivir á expensas del presupuesto.

Afortunadamente para don José, Charito suple hoy tales deficiencias con el
heroísmo de una madre. La cesantía de
su marido ha despertado en aquella joven ese instinto comercial que parece
ingénito en las mujeres de su raza. La

hija del simpático don Rosendo es una
consumada profesora en el manejo de
las pequeñas transacciones: compra,
vende, empeña alhajas y prendas de
vestir; ofrece dinero á préstamo con el
interés mensual de un realito por duro;
dirige, da géneros y toma cuenta diaria
á unas cuantas *babaes* que corren la Ceca y la Meca explotando el tráfico me-
nudo de chucherías, tejidos de piña, *buyo,* tabaco y otros artículos de consumo
de los naturales... Y mientras que Charito mata sus horas en ocupación tan lu-
crativa, allí está aquel hombre ocioso,
disipando agradablemente la vida entre
bostezos de holganza y entre *soltadas*
de gallos.

Ya no es siquiera Pepín, para Charito, lo que el pobre don Rosendo para su
esposa: el *castila.* Es el *huésped* caído
en el más vergonzoso envilecimiento.

....

¡Compadezcámosle, y roguemos á Dios
que, para evitar mayores desdichas, no

haya fecundado aquel hombre en las
entrañas de su dulce compañera el germen de los futuros enemigos de la patria!...

ÍNDICE